El secreto del narcisista

Por qué te odia (y qué hacer al respecto)

Dan Desmarques

22 Lions

El secreto del narcisista: por qué te odia (y qué hacer al respecto)

Escrito por Dan Desmarques

Índice

Introducción

En un mundo en el que las relaciones interpersonales son cada vez más complejas, comprender los entresijos del comportamiento humano nunca ha sido tan importante. Este libro, El secreto del narcisista: por qué te odian (y qué hacer al respecto), se adentra en el enigmático mundo del narcisismo, arrojando luz sobre las motivaciones ocultas, los patrones destructivos y el profundo impacto de los individuos narcisistas en las personas que les rodean.

A medida que navegamos por el laberinto de la sociedad moderna, a menudo nos encontramos con individuos que parecen operar en una longitud de onda diferente: aquellos que exudan un aire de superioridad, manipulan a los demás con facilidad y dejan un rastro de devastación emocional a su paso. Estos son los narcisistas, y su presencia puede sentirse en nuestras relaciones personales, en el lugar de trabajo e incluso en las más altas esferas del poder.

Este libro pretende desentrañar la compleja red del comportamiento narcisista, ofreciendo a los lectores una comprensión exhaustiva de por qué los narcisistas actúan como lo hacen, cómo afectan a las personas que les rodean y, lo que es más importante, cómo protegerse de su influencia tóxica. Basándonos en extensas investigaciones, observaciones clínicas y experiencias de la vida real, exploramos la naturaleza polifacética del narcisismo, desde sus raíces en el trauma infantil hasta su manifestación en las relaciones adultas.

En estas páginas, examinaremos las diversas facetas del Trastorno Narcisista de la Personalidad, incluyendo su clasificación dentro de los trastornos de la personalidad del Grupo B, sus bases neurobiológicas y sus implicaciones sociales. Nos adentraremos en el mundo interior del narcisista, descubriendo las inseguridades y miedos profundamente arraigados que impulsan su comportamiento, y exploraremos cómo se manifiestan en sus interacciones con los demás. Pero este libro no sólo trata de comprender a los narcisistas, sino también de capacitar a las personas afectadas por su comportamiento.

El libro ofrece estrategias prácticas para identificar los rasgos narcisistas, establecer límites y protegerse de la manipulación y el abuso. También exploraremos el camino de curación de quienes han sido víctimas de abuso narcisista, ofreciendo orientación para reconstruir la autoestima y recuperar el sentido de identidad.

A medida que nos embarcamos en este viaje de descubrimiento, es importante señalar que el término «narcisista» no se utiliza a la ligera o como un término general para personalidades difíciles. Por el contrario, abordamos este tema con matices y profundidad, reconociendo el espectro de rasgos narcisistas y la compleja interacción de factores que contribuyen a su desarrollo.

Tanto si eres un profesional de la salud mental que busca profundizar en el trastorno narcisista de la personalidad, alguien que sospecha que está en una relación con un narcisista o simplemente una persona interesada en la psicología humana, este libro ofrece valiosas ideas y herramientas prácticas para navegar por el difícil terreno de las relaciones narcisistas.

Al final de este libro, los lectores no sólo tendrán una comprensión más clara del comportamiento narcisista, sino que también estarán equipados con el conocimiento y las estrategias necesarias para protegerse y prosperar en un mundo donde el narcisismo parece ir en aumento. Comencemos juntos este viaje de comprensión, curación y empoderamiento.

Capítulo 1: Hostilidad encubierta

Cuando los narcisistas se dan cuenta de que su imagen se ve amenazada por la decisión de otra persona, harán todo lo posible para revertir la situación y hacer que la otra persona parezca estar equivocada. Esto puede incluir provocar a la otra persona y después filmar en secreto sus reacciones, e incluso editar el resultado para que parezca que la otra persona tiene problemas mentales y es peligrosa sin ninguna razón lógica. Los periodistas hacen esto todo el tiempo porque están especializados en fabricar noticias cuando no hay nada que decir. Pero los narcisistas son más propensos a hacer esto cuando perciben un peligro en un futuro próximo, por lo que nunca debes dar información a un narcisista. La distorsionará y la utilizará en su contra.

Tenga en cuenta que perciben todo como una amenaza, incluso las advertencias amistosas, y se vengarán basándose únicamente en esta percepción. No es raro que un narcisista odie a la persona que más se esforzó por ayudarle, porque percibe la ayuda como hostilidad oculta y la utiliza contra los demás. Proyectan sus propias intenciones manipuladoras en aquellos que genuinamente intentan ayudarles. Otra cosa que hacen es percibir una amenaza en su entorno como competencia, y entonces hacen todo lo posible para que la otra persona sea despedida o detenida. Para ello, difunden rumores que hacen que los demás odien a esa persona.

A menudo, sin embargo, la amenaza proviene de un cónyuge que tiene más credibilidad entre los miembros de la familia o de un amigo que es más sabio y capaz de distinguir las mentiras de la verdad. Incluso un alumno capaz de hacer las preguntas adecuadas es visto como una amenaza por los profesores, que no quieren que los demás sepan de su fachada, sus manipulaciones y su absoluta ignorancia a la hora de hacer su trabajo. Por ejemplo, a mí me odiaban inmensamente cuando era estudiante por no tener otra razón que hacer las preguntas correctas en lugar de aceptar todo lo que se decía en clase como los demás. Estos profesores a menudo me calumniaban en sus conversaciones, según me contaban algunos de ellos, porque estaban obsesionados con su odio hacia mí.

Tardé años en entender por qué, porque yo sólo era una alumna que hacía preguntas que ellos consideraban normales. Más tarde me di cuenta de que estas personas trabajan activamente para socavar o sabotear la imagen social de una persona con el objetivo de apartarla de su puesto o desacreditarla, lo que en este caso significa intentar que suspenda y sea expulsada. Por eso nunca me dejaron ver los exámenes una vez corregidos. Los escondían y sólo me enseñaban la nota final. Cuando protesté por la situación por medios legales, utilizaron mi respuesta para calumniarme aún más delante de los demás.

Intensificaron sus esfuerzos para que me expulsaran cuando pedí justicia. Difundieron más historias falsas y rumores sobre mí porque me consideraban una amenaza, y pusieron a los demás en mi contra para que nadie me escuchara. ¿Tenían razón? En cierto modo, sí, porque los desenmascaré. Nunca toleré sus abusos e incluso me enfrenté a ellos cuando otros tenían miedo de decir lo que pensaban, aunque en secreto me daban las gracias por ser su voz.

Me castigaron por ser honesta, desinteresada, valiente, justa y por representar las necesidades de los demás alumnos de ser escuchados. Nunca dije nada que los demás no pudieran ver, pero tenían demasiado miedo para hablar.

Así es exactamente como ganan siempre los narcisistas: convirtiendo al chivo expiatorio en un ejemplo y haciendo que todos los demás teman ser los siguientes. Hoy en día, no pueden quemarlo vivo en una plaza pública, así que lo humillan. La intención es la misma: quemar su integridad en una plaza pública.

No hay nada razonable que hacer con esta gente, salvo expulsarla de todas las instituciones. Son parásitos y demonios en el mejor de los casos, y no pueden ser comparados ni tratados como personas normales. La credibilidad que adquieren como profesores y terapeutas no significa nada, porque no aplican ninguna ciencia ni integridad a su trabajo.

Capítulo 2: Efectos de las frecuencias de baja energía

Una vez me enfrenté a una psicóloga que animaba a su paciente a consumir drogas, tanto psicotrópicas como psicoactivas, ignorando el hecho de que esta persona tenía pensamientos suicidas. Incluso le dijo al paciente que era normal pensar en el suicidio, ignorando el peligro que corría. En lugar de hablar conmigo sobre su uso de la psicología para abusar psicológicamente de alguien, huyó de mí. La llamé psicópata, que debería ser internada en un psiquiátrico en lugar de ganar dinero a costa de los demás mientras abusa de ellos en terapia, pero reaccionó como una niña y se limitó a huir de mí.

Esto ocurrió en Lituania, país que, según la Organización Mundial de la Salud (OMS), suele encabezar la lista de índices de suicidio por cada 100.000 habitantes. Lituania también suele estar entre los cinco primeros países del mundo en cuanto a suicidios. Pero mientras la gente intenta adivinar las causas, ellos van por delante de todos: sus propios psicólogos. Éste, en concreto, escribe para revistas, tiene un blog e incluso es mentor de otros psicólogos en su trabajo. Suena demasiado surrealista para ser cierto, pero es mucho más común de lo que la gente quiere creer.

Aunque los propios lituanos son algunas de las personas más sucias, groseras y estúpidas que he conocido, sus terapeutas hacen que una cultura ya de por sí degradante sea mucho peor de lo que es. La única razón por la que alguien querría viajar a Lituania es para visitar el mayor museo de narcisismo al aire libre del mundo: su cultura. Aquí se puede ver a la gente menospreciándose unos a otros, haciendo las suposiciones más estúpidas sobre todo el mundo, juzgando todo el tiempo, cotilleando negativamente sobre los demás sin ninguna razón en particular excepto la envidia y un iluso sentido de la arrogancia, y lo que es peor, poniendo vidrio y piedras en la sopa, haciendo pizzas con queso podrido y setas podridas, haciendo sushi con arroz podrido, incluso moho en el arroz, y reutilizando tazas de café que nunca se han lavado. Es una muestra total de suciedad e hipocresía, pero también la demostración más evidente de narcisismo cuando está arraigado en una cultura.

Te dirán que el cristal o la piedra que encontraste en la comida fue un accidente, como si esto no ocurriera todo el tiempo y a propósito, cuando odian a los clientes e incluso les hablan groseramente. Negarán que no laven los vasos y los platos, aunque lo he visto con mis propios ojos. También dirán que la gente no les miraba agresivamente, sino que eran demasiado tímidos para hablar con ellos. Estas reacciones también forman parte de lo que hacen los narcisistas cuando les pides una explicación. Se llama negar tu propia realidad para que pienses que tú eres el loco, no ellos.

Aunque creo que Lituania y Polonia podrían competir por el primer puesto en racismo, xenofobia e ignorancia, los lituanos son especialmente antagonistas en el sentido de que se topan con gente a la que odian, sobre todo viajeros con un aspecto diferente al de los locales. También juzgan a la gente por el color de su piel y ni siquiera cambian de camino si una persona negra camina en la misma dirección por la calle. Peor aún, si eres negro, los desconocidos de la calle dirán a los blancos que estén a tu lado, en su propio idioma, que tengan cuidado y te eviten.

Hablar de Lituania y Polonia es como hablar del país de los retrasados mentales y del país de los nazis, porque son exacta y orgullosamente lo que la historia y las estadísticas modernas dicen de ellos. Las únicas excepciones que encontré en estos países procedían de sus inmigrantes. Pero juntas, estas dos naciones podrían representar los Estados Unidos del Narcisismo.

Aunque algunas naciones tienen más enfermos mentales que otras, a menudo debido a culturas que promueven la enfermedad mental, debes saber que lo que llamamos gente tóxica, gente opresiva, gente estúpida, psicópatas, sociópatas o simplemente narcisistas, entre otros trastornos de la personalidad del Grupo B, según la clasificación del Manual Diagnóstico y Estadístico de los Trastornos Mentales (DSM-5) publicado por la Asociación Americana de Psiquiatría, se refiere a individuos que expresan un determinado estado mental dentro de una cierta vibración que les es común.

Esto no es sólo teoría u opinión, ya que se puede medir y puedes sentir cuando alguien en la habitación tiene una vibración más alta que la tuya. Esta frecuencia alterada en el campo energético es percibida como una amenaza para ellos, incluso si esa persona nunca ha abierto la boca para hablar o es simplemente un extraño por sí mismo.

He visto cómo esto le ocurría a otras personas y a mí mismo innumerables veces, incluso a personas que volvían la cara hacia mí cuando no estaba cerca o delante de ellos, o que huían de mí asustados, sólo porque percibían peligro cuando estaba sentado solo en un banco de un parque o una cafetería, sin hacer nada para justificar este comportamiento.

Capítulo 3: La batalla invisible

Muchas personas reaccionan de forma muy esquizofrénica cuando estoy cerca, sin otra razón que cómo se sienten, porque su frecuencia energética es extremadamente baja. Recuerdo una vez que estaba paseando por la isla de Quíos, en Grecia, y vi a una mujer vestida toda de negro sentada en un banco con vistas al mar. Sintió mi presencia e inmediatamente giró la cabeza hacia mí, asustada. Al verme, se levantó y echó a correr en dirección contraria, mirando hacia atrás para ver si la seguía. Pero yo era una persona corriente, vestida como un lugareño y ocupándome de mis asuntos. Caminaba sola y la habría pasado sin decir nada si hubiera seguido sentada en el mismo banco. Su reacción paranoica no tenía ningún sentido, salvo si se tiene en cuenta la explicación de las frecuencias energéticas. Tenía un campo energético negativo y mi presencia, incluso a distancia, disparó sus inseguridades.

No me sorprendió porque esto me pasa todo el tiempo. Pero no espero que la gente corriente lo entienda porque está ciega a esta información. Sin embargo, me intrigaban los estudiantes que decían sentirse más enérgicos, motivados y felices en mi presencia sin ninguna razón en particular. Me demostraron que si una persona está predispuesta a una frecuencia más alta, la absorberá de forma natural y se beneficiará de ella en lugar de temerla. Si esto no ocurre, habrá miedo y ansiedad en la mente del narcisista, que puede planear una forma de eliminar al individuo de frecuencia más alta del entorno mediante la calumnia.

En un caso concreto, uno de mis colegas de Estados Unidos fue sorprendido escuchando mi clase desde detrás de la puerta para obtener información que pudiera utilizar contra mí.

Quienes ven estas cosas y no pueden entenderlas tienden a racionalizar el comportamiento para evitar enfrentarse a la realidad que tienen delante, porque escapa a su percepción del mundo. Está tan fuera de la realidad para la inmensa mayoría de la gente que se niegan a creerlo cuando está ocurriendo delante de sus ojos. La gente que me rodeaba intentaba inventar razones que no eran lo bastante válidas para sustituir el hecho de que me estaban agrediendo sin otra razón que mi vibración. El propio agresor suele racionalizar las razones por las que me odia, porque no tiene ninguna que pueda verbalizar, por eso provoca e insulta primero. Intentan conseguir esa razón.

Estas cosas ocurrían tan a menudo en mi vida que me sentía desesperada, como si me estuviera volviendo loca de tantos ataques constantes, mientras el resto de la sociedad negaba los hechos incluso cuando los presenciaban con sus propios ojos. Tuve que llegar a la conclusión de que la gente corriente niega ver lo que no puede comprender y, por tanto, se niega a creer a sus ojos cuando no tienen explicación en su mente para lo que ven. En consecuencia, sólo pude comprender estas situaciones sumergiéndome en diversos temas religiosos. Fue a través de varios expertos en conocimiento secreto y exorcismo que finalmente obtuve las respuestas. Aun así, no podía entender por qué me atacaban, y tardé mucho más en darme cuenta de ello porque había sido educada por dos padres narcisistas para no ver nunca estas cosas.

Sólo cuando me abrí a mi verdadero potencial como espíritu, todo salió a la luz. Ahora espero que estas cosas sucedan debido a la importancia de mi trabajo en el mundo y a mi renovada confianza en mis capacidades. Así que en lugar de luchar contra la naturaleza del mal, he aprendido a aceptarlo simplemente como el estado del mundo. Muchos están ciegos, otros son pura maldad, y donde va la luz, la oscuridad reacciona con incomodidad.

Estar entrenado en el arte de la telepatía ha llevado mis conocimientos a una profundidad completamente nueva, ya que nunca imaginé lo increíblemente repugnante y enferma que puede llegar a ser la mente de un narcisista. Ser capaz de leer la mente de mi madre y redirigir e incluso anular sus pensamientos me hizo darme cuenta de lo obsesionada que estaba con menospreciarme e invalidarme, como si no pudiera controlar su necesidad de atacarme y estuviera atormentada por ello. Vi exactamente lo mismo en parejas narcisistas que derramaban lágrimas cuando la relación terminaba como resultado de sus propios comportamientos compulsivos negativos.

Los narcisistas no sólo son enfermos mentales, son receptáculos de influencias demoníacas de la más baja naturaleza. La sociedad no tiene ni el conocimiento ni el discernimiento para tratar a estos individuos, y la psiquiatría está lejos de comprenderlos verdaderamente más allá de sus acciones. De hecho, el estado apático de las masas les lleva a negar la evidencia que tienen ante sus ojos y a descartar la influencia negativa del narcisismo como justificable cuando se trata de encontrar un chivo expiatorio para evitar mirarse a sí mismos y hacer frente a los peligros que representan los narcisistas que les rodean.

Capítulo 4: Las contradicciones de la mente narcisista

Aunque la sociedad asume erróneamente que la mejor respuesta a la gente mala es no darles ninguna razón, lo cierto es que mientras tu vibración sea lo suficientemente alta, serás el objetivo de estas personas de baja vibración que a menudo actúan como receptáculos de entidades demoníacas precisamente porque su alma está privada de energía vital y su vibración es lo suficientemente baja como para atraer a dichas entidades. Han bajado su vibración por elección, cometiendo crímenes que no quieren que otros conozcan, consumiendo drogas que alteran la mente y albergando pensamientos de resentimiento hacia otros, incluso si la causa es un padre que les ha traumatizado de por vida o simplemente celos.

No es infrecuente que una mujer que fue abandonada por su padre o que vio cómo su padre maltrataba físicamente a su madre de niña se convierta en una narcisista que odia siempre a los hombres y desconfía de las mujeres, o que incluso albergue resentimiento hacia ellas mientras finge ayudarlas. Este fue el caso de una mujer ucraniana que conocí, que fue abandonada por su padre cuando era niña y luego decidió trabajar como psicóloga ayudando a mujeres en proceso de divorcio. También admitió que no podía resolver los problemas de nadie.

He conocido a muchos psicólogos que hacen precisamente eso, pero con cada acto contra la sociedad, ese individuo perpetúa su estado mental y se hunde más en el abismo del miedo, donde sólo puede encontrar la paz manipulando, menospreciando y degradando a los demás. Por eso muchas de estas personas sufren terriblemente por su propia mente y buscan constantemente alivio en métodos alternativos, como era el caso de aquella psicóloga ucraniana que buscaba constantemente respuestas y no las encontraba. Ella misma se sentía sola y no encontraba pareja a sus 35 años.

Parecía que buscaba tanto respuestas como justificaciones para sus creencias, porque este es el ciclo en el que entran los narcisistas cuando se niegan a ir más allá de sus racionalizaciones del mundo. Un narcisista puede insultarte mil veces y luego, cuando respondes, decir: «Ves, sabía que fingías ser otra persona porque no eres una buena persona».

Ven a los demás como se ven a sí mismos, por lo que no creen que alguien pueda fingir ser otra persona durante tanto tiempo. En otras palabras, no pueden creer que la gente pueda ser honesta, porque en el cerebro del narcisista, uno es igual a dos y cero. O, como solía decirme mi madre narcisista: la gente es mala y tienes que aprender a ser más inteligente que ellos.

Así es realmente como los narcisistas se ven a sí mismos en el mundo, como víctimas de un mal mayor, en el que su propia maldad está justificada por la necesidad de sobrevivir en este infierno. Por eso piensan que la moral es para los débiles y la honestidad para los estúpidos. Sólo valoran el engaño, por eso las películas favoritas de los narcisistas suelen ser La lista de Schindler, Instinto básico, El talentoso Sr. Ripley, Nymphomaniac, El lobo de Wall Street, Ex Machina. ¿Qué tienen en común estas películas? Individuos que alcanzan el éxito mediante el engaño y engañan a todo el mundo.

Los narcisistas se estudian a sí mismos a través de las películas tanto como estudian el ocultismo, no porque el ocultismo sea malo en sí mismo, sino porque buscan formas de obtener información sobre otras personas que nunca les han contado. Un narcisista casi nunca reflexiona sobre su comportamiento, incluso cuando quiere hacerlo, por lo que acaba profundizando en su manipulación cuando se estudia a sí mismo. La única razón por la que un narcisista acudiría a un terapeuta es para saber más sobre sus propias víctimas. Casi todos los narcisistas tienen una baraja de tarot escondida en algún lugar, no para estudiarse a sí mismos, sino para estudiar a las personas que conocen.

Por las mismas razones, no es raro que muchos psicólogos fracasados que sufren de narcisismo exploren el uso de la cartomancia, las runas y otros métodos adivinatorios en su práctica con la intención de curarse a sí mismos y a los demás, reconociendo esencialmente el fracaso de la psicología para ayudarles. Sin embargo, al igual que los narcisistas buscan terapia para mejorar sus tácticas, los terapeutas narcisistas ofrecen a sus pacientes su fracaso absoluto a través de métodos más manipuladores y una mayor degradación de la sociedad, que presentan como formas innovadoras de elevar a los demás basadas en prácticas y estudios ocultistas.

Hacen lo mismo a través de la religión, razón por la cual puede ser tan confuso encontrar violadores y pedófilos entre los líderes religiosos. A principios de la década de 2000, la archidiócesis de Boston protagonizó un gran escándalo de abusos sexuales a menores por parte de sacerdotes. La investigación reveló que la Iglesia había encubierto sistemáticamente estos abusos durante décadas. John Geoghan, sacerdote católico de la archidiócesis de Boston, fue acusado de abusar sexualmente de más de 130 niños durante un periodo de 30 años. Pero también se encuentran historias de pederastia y violaciones entre gurús hindúes, eruditos islámicos, monjes budistas, autoridades sijs y rabinos judíos.

Capítulo 5: La evolución del pensamiento

Lo que pueden hacer los narcisistas no tiene fin, como he visto muchas veces a lo largo de los años. Incluso escriben libros sobre métodos alternativos o inventan sus propios métodos y les dan nombres místicos, como conexiones cósmicas, y luego utilizan el título de psicólogo o médico para dar más credibilidad a su destrucción, cuando el acto en sí es una completa contradicción de lo que debería ser la ciencia.

No es de extrañar que se trate de las mismas personas que confunden el cerebro con el alma y el espíritu, mezclándolos como si estuvieran haciendo un batido con diferentes ingredientes.

Por otro lado, el cerebro no está compartimentado como enseña la neurología, que a menudo se contradice en sus propias teorías, sino que actúa como una máquina integradora que funciona en función del estado espiritual del individuo, y esto significa que si el individuo cambia su enfoque hacia la negatividad, el resentimiento y el desprecio de sí mismo, estas emociones actuarán como catalizadores para el cerebro y éste cambiará en consecuencia.

Confundir todo el cerebro con sus partes, o el cerebro con el alma, la personalidad y el espíritu, es la causa fundamental de todos los malentendidos tanto en la ciencia como en la religión, y no es de extrañar que los narcisistas sean los que más perpetúan, promueven y refuerzan esta confusión. Pero si el arma favorita del narcisista es la confusión, lo contrario es también lo que más temen los narcisistas: la claridad, la perspicacia y la objetividad.

Cuanto más entiendas y sepas, más podrás resistirte al caos que promueven los narcisistas y distanciarte de ese mundo. Entonces, ¿qué hacen los narcisistas para frenar a las mentes curiosas como la tuya? Escriben libros que prometen respuestas y añaden más confusión a tu mente. También sustituyen tu necesidad de comprender por el imperativo de memorizar o enfrentarte a un castigo a través del sistema educativo o del método de aprendizaje que estés utilizando.

En esencia, los narcisistas hacen todo lo posible para evitar que comprendas algo y, con tantos de ellos en el mundo, no es de extrañar que la confianza, o la capacidad de ser digno de confianza, se haya convertido en una cualidad tan escasa. Sin embargo, incluso esto es atacado por los narcisistas, ya que hacen todo lo posible por desacreditar a la persona más digna de confianza. Los narcisistas hacen esto todo el tiempo cuando analizan mis libros, dejando insultos que no dicen nada sobre el contenido. El autor es malo, loco, narcisista y psicópata son algunos de estos insultos.

Los narcisistas suelen ganar porque el resto de la población es lo suficientemente estúpida, apática y desinformada como para creerse cualquier cosa o, al menos, considerarla una opinión tonta sin ningún sentido común. Muchas personas nunca encontrarán las respuestas que buscan porque un narcisista ha escrito una mentira sobre un autor o su libro.

Es una pena que la gente se deje engañar tan fácilmente. La ignorancia es realmente su perdición en muchos aspectos distintos de los que percibe el ojo. Pero el mundo no será un lugar mejor si permitimos que esta dinámica continúe. Los narcisistas son mucho más activos a la hora de destruir el mundo que otras personas a la hora de alabar a quienes les ayudan y contribuyen a un mundo mejor. Un narcisista invertirá miles de millones para destruir una nación, pero la persona promedio rara vez pagará algo por un libro.

Según una encuesta del Centro de Investigación Pew de 2018 en Estados Unidos, alrededor del 24% de los adultos estadounidenses dijeron que no habían leído ningún libro, pero en el mismo año, Estados Unidos invirtió 740.000 millones de dólares en actividades militares.

Eres un tonto si crees que los narcisistas cambiarán esta dinámica y no se esforzarán más por empeorarla. A los narcisistas no les interesa educar a la población. Les interesa ganar más poder mediante la degradación y el empobrecimiento de los demás, así que ahí es donde invierten su tiempo y su esfuerzo.

La gente es víctima de su propia estupidez cuando invierte su tiempo en luchar contra otros grupos de personas en lugar de leer, pero es más probable que el idiota medio coja una pistola para disparar a alguien con cualquier excusa que tenga en mente que coja un libro para aprender algo nuevo.

Si la gente pasara más tiempo leyendo, pasaría menos tiempo juzgando y cotilleando sobre los demás. La persona que está preocupada por juzgar a los demás ciertamente no tiene nada en qué ocupar su mente, porque es imposible escuchar un audiolibro y permanecer concentrado en lo que hacen otras personas a tu alrededor.

Capítulo 6: Por qué los narcisistas siguen siendo los mismos

Los narcisistas son predecibles según cualquier diagnóstico psiquiátrico, precisamente porque los terapeutas no abordan las causas, sino que se limitan a hacer que las personas se sientan cómodas con los efectos, a menudo enseñándoles que no son más que un efecto de la enfermedad de otras personas y que no hay nada que puedan hacer al respecto. O peor aún, utilizan métodos místicos para enseñarles que ser este efecto es el camino de sus vidas, degradándoles así mediante el uso de falsas enseñanzas.

Para cambiar su situación, el individuo necesita reformar todo su estado de ser, lo que en la mayoría de los casos nunca sucederá, precisamente porque se han apegado a esta personalidad artificial y tienen miedo de perderla y convertirse en nada, empezando de nuevo a aprender a ser humanos. Los malvados se aprovechan de esta realidad cuando la utilizan contra la persona para afirmar que está en un camino espiritual, porque así pueden sacar más provecho de esta creencia, mientras suprimen la inseguridad del individuo tras su falsa confianza o su confianza absoluta en una falsa teoría.

Esta es la misma táctica que utilizan muchos predicadores, y por eso es tan eficaz. Se aprovechan del hecho de que la gente quiere ser amada y aceptada, no cambiada y juzgada. Lo sé porque siempre que he podido ayudar a estas personas, eso es exactamente lo que me han dicho: «Ya no sé quién soy y tengo miedo».

Este estado no duraría mucho porque nadie quiere tener miedo a lo desconocido, aunque ese desconocido sea una frontera imaginaria en su mente. En consecuencia, buscan rápidamente anclajes de validación que les devuelvan a su antiguo yo. Esto significa buscar compañeros y colegas que les ayuden, ya sea haciéndoles odiar a quien intenta ayudarles, o simplemente distrayendo al narcisista con drogas y convenciéndole de que cometa errores que pongan en peligro la terapia que está recibiendo. Siguen retrocediendo a su estado anterior hasta que finalmente dejan de cambiar por agotamiento. Por eso no se les puede cambiar.

La sociedad en su conjunto hace todo lo posible para evitar que cambien, como si una legión de demonios acudiera en su ayuda para impedirles ver la luz. Las peores personas que conoces suelen ser las que el narcisista llama sus mejores amigos, porque el narcisista es un niño subdesarrollado, un idiota en un cuerpo de adulto. Prefieren morir estúpidos a cambiar, convencidos de que es mejor morir como lo que los demás aprueban que estar solos en la felicidad. Ni siquiera creen que tal cosa exista, así que se ríen de cualquier enseñanza espiritual que muestre un camino hacia un yo superior y menosprecian constantemente a quienes siguen caminos espirituales. Muchos de ellos afirman que me invento lo que escribo porque no lo creen e incluso odian la idea de que esta información pueda ayudar a alguien.

Tienen aversión a ayudarse a sí mismos y a los demás, por lo que odian a quienes ofrecen ayuda eficaz. Si el narcisista se convierte en un profesional en un área que debería ayudar a los demás, pervertirá la información y el proceso. Esta es la razón por la que los médicos asesinan pacientes todo el tiempo bajo el pretexto de diagnósticos erróneos, por la que los padres envían a sus hijos a escuelas donde son acosados y golpeados o incluso asesinados en peleas y robos, y por la que los profesores mienten deliberadamente con estadísticas para imponer su propia agenda social a los estudiantes.

Podríamos discutir si estas personas son realmente estúpidas, simplemente arrogantes o malvadas. En general, son las tres cosas, mientras que otras veces son claramente malvados y sólo parecen estúpidos. En cualquier caso, están decididos a tener éxito en objetivos a corto plazo o en tareas que produzcan resultados rápidos y visibles, en lugar de pensar a largo plazo, razón por la cual se centran en obstaculizar a los demás en lugar de planificar el futuro o buscar acuerdos. Su maledicencia es esencialmente un intento de detener a cualquiera que suponga una amenaza para ellos, aunque esa amenaza sea imaginaria. Están decididos a detener a la sociedad y hacerla retroceder por la misma razón, porque rebajar a los demás les hace sentirse más seguros dentro de sí mismos.

Una de las razones por las que ganan en este juego es porque saben que la mayoría de las personas son egoístas, por lo que el narcisista puede explotar sus necesidades a través de este egoísmo y luego ganarse su confianza, especialmente si estas personas son amigos de la persona a la que están tratando de apuntar. Por ejemplo, una enfermera narcisista puede ofrecerse a ayudar a un familiar con problemas de salud y luego utilizar la situación para difamar a alguien a quien odia, y lo hará cuidadosamente después de ganarse la confianza de la persona enferma, que ahora se siente en deuda con la enfermera.

Utilizan la misma táctica para ascender en la escala social, porque no se les da muy bien ganarse la confianza de la gente a través de su trabajo, porque básicamente es una farsa. En cambio, sabotean la imagen de los demás para obtener ventaja, y lo hacen después de estudiarlos detenidamente y copiar sus mejores rasgos para fingir que son superiores.

Capítulo 7: Cuando las buenas acciones quedan sin recompensa

Sabrás quiénes son tus enemigos, y sobre todo quién ha traicionado tu confianza, cuando necesites ayuda y todo el mundo te abandone, incluidas las personas a las que ayudaste, ya fuera para conseguir un trabajo o para superar la soledad y las dificultades económicas. Además de narcisistas, los estúpidos suelen tener poca memoria, por lo que carecen de empatía y sentido de la responsabilidad hacia quienes les ayudan. En un momento te piden ayuda y una hora después, cuando llamas y les pides lo mismo, te dicen: ¡Buena suerte!

He ayudado a gente a montar un negocio que ni siquiera me ha ofrecido un sofá para dormir, y eso dice mucho del nivel de egoísmo de la gente, ya sea porque los conoces desde hace muchos años o porque son familiares. El hedor de la basura es el mismo, así que he apartado de mi vida a todas las personas en las que no puedo confiar.

Es triste pensar que no se puede confiar en la mayoría de la gente porque no valen nada. Pero ni siquiera sirve de nada ayudarles porque te traicionan.

Una vez, una de mis lectoras me pidió trabajar para mí, y le dije que necesitaba a alguien que me ayudara a traducir sus libros. Me pidió 5.000 dólares por adelantado y cuando vio la cantidad de trabajo, dijo que no lo haría. ¿Me devolvería el dinero si le pagara? Probablemente no. Pero entonces, ¿qué sentido tienen mis libros si los lectores intentan engañar a su autor favorito? ¿Cuál es su nivel moral? ¿Por qué debería escribir un libro en un mundo así?

Cuando utilizo el término «gente estúpida», podría decir «idiotas», «individuos tóxicos», «narcisistas», «sociópatas» o «psicópatas», pero la palabra en sí no importa, porque todavía no hay suficiente claridad en el planeta para entender el significado y el alcance de lo que intento decir, que es que hay una gran población en este planeta que no merece nada de lo que recibe, ni siquiera compasión por su desgracia. Hay tantos narcisistas con poder como personas que faltan al respeto y abusan de quienes les ayudan. La implicación de un elemento en la causa del mal es tan mala como la del otro.

No podemos imaginar un mundo mejor con tecnología avanzada sin tener en cuenta la necesidad de más honestidad, integridad, altruismo, amabilidad, empatía, creatividad y fiabilidad en la sociedad. Los avances en la comodidad y eficacia de los sistemas e instituciones del mundo nunca existirán sin avances en las cualidades humanas.

Si permites que ganen los narcisistas, pagarás el precio en karma autoinfligido: los problemas de tu vida diaria. Porque nunca habrá más espíritu emprendedor, más ideas y mejor ciencia, ni siquiera más honestidad y un mayor nivel de compromiso con el bien común, independientemente de la raza, el credo o el color, si los narcisistas siguen suprimiendo estas cosas y degradando a las personas más importantes, trabajadoras e innovadoras de entre nosotros. Esto nunca sucederá mientras los narcisistas puedan arrastrar a todo el mundo, degradar los valores humanos, corromper la ley y degradar la moralidad mientras ocupen posiciones de superioridad moral y poder.

Los narcisistas son hostiles hacia los que tienen más potencial y, en general, degradan el sentido de identidad de una persona. Si eres niño, los efectos pueden durar mucho tiempo. Por ejemplo, recuerdo a mis padres diciéndome que era una inútil porque no sabía cocinar, pero nunca me enseñaron ni pidieron a nadie que me enseñara. En lugar de eso, les gustaba utilizar el hecho de que tenían que darme de comer para humillarme, y esa era una de las muchas tácticas que utilizaban para maltratarme psicológicamente. Más tarde, aprendí a cocinar para mí misma y me enorgullece decir que cocino mejor que muchos de los restaurantes en los que como en todo el mundo, pero no tengo ninguna motivación para cocinar para mí y quizá nunca la tenga. A menos que cocine para otras personas, no tengo ningún interés en comer lo que preparo. Mis padres destruyeron esa alegría para siempre.

Cuando creces en un ambiente tóxico, sobre todo si estás rodeado por todas partes de idiotas, puedes tardar años en darte cuenta de lo que realmente te ha pasado. La mayoría de la gente ni siquiera te permite hacerlo porque son tan increíblemente estúpidos que asumen que estas historias son inventadas o que de alguna manera te mereces lo que te ha pasado.

Muchas personas se han suicidado por mucho menos, pero rara vez, o nunca, sus asesinos van a la cárcel porque el maltrato psicológico no es un delito tan evidente como apuñalar a alguien. Sin embargo, puede ser más destructivo, no sólo cuando se trata de suicidio, sino porque los efectos duran toda la vida y el impacto es mucho mayor que una lesión física: significa perder a todos los que conocías, incluido a ti mismo y lo que te hacía feliz, y tener que empezar tu vida de nuevo, muchas veces si es necesario.

Mientras tanto, tienes una diana en la espalda que dice que eres una víctima. Actúas como una víctima, piensas como una víctima y puede que ni siquiera lo sepas, simplemente porque pasaste toda tu infancia temiendo las consecuencias de tus pensamientos y avergonzado de estar vivo.

Capítulo 8: Cómo enfrentarse a las mentiras de los narcisistas

Una de las razones por las que los narcisistas y los empáticos pueden confundirse fácilmente es que ambos persiguen el amor, el amor que nunca tuvieron. La diferencia es que el empático busca la validación a través de sus acciones, mientras que el narcisista la busca a través de sus mentiras.

Muy poca gente se da cuenta de la diferencia, y por eso suele ganar el narcisista. El narcisista gana a corto plazo porque consigue engañar a mucha gente, pero a largo plazo sabemos que el trabajo duro y la dedicación a la vida siempre ganan porque forjan el carácter y conducen a más experiencias y también a más oportunidades en la vida.

La impresión de que el empático pierde es una ilusión, porque tiene que ver con las personas que tiene que dejar atrás cuando encuentra su propio camino, personas que le han abandonado en favor del narcisista. El empático sólo puede perder si se olvida de sí mismo, que es lo que quiere el narcisista cuando baja su autoestima. El empático también pierde si tiene miedo de ofender a otras personas y evita estar en desacuerdo con ellas, o si desarrolla un miedo irracional al éxito por estos motivos. Esto también puede ocurrir si tienen un miedo irracional al castigo.

Del mismo modo que los narcisistas se especializan en socavar el potencial de éxito de otras personas, los empáticos se convierten en expertos en socavar su propio potencial, a menudo menospreciándose a sí mismos cuando sus logros en la vida demuestran lo contrario. Confundimos el comportamiento del empático con la humildad, en lugar de verlo como lo que realmente es: autodesprecio y autodevaluación.

El empático también puede confundirse a sí mismo cuando cree que está siendo humilde, pero sus sentimientos sobre sí mismo y sus pensamientos son muy claros y se explican por sí mismos:

- El autodesprecio es una forma extrema de devaluación, normalmente motivada por sentimientos de culpa, vergüenza o inutilidad. Ejemplo: «Soy un fracaso total, no sé hacer nada bien, soy un inútil».

- El autodesprecio implica tanto menospreciarse a uno mismo como disminuir su valor. Puede utilizarse en un sentido más amplio para incluir tanto la humillación como el autodesprecio. Suele implicar una imagen negativa de uno mismo y una tendencia a menospreciar las capacidades o los logros de una persona. Ejemplo: «Siempre meto la pata. No soy lo bastante listo para este trabajo. No estoy hecho para el éxito».

- El autodesprecio consiste en hacer comentarios despectivos sobre uno mismo, normalmente en tono humorístico o burlón. Puede ser una forma de desviar las críticas, parecer humilde o hacer que los demás se sientan más cómodos. Sin embargo, cuando se lleva al extremo, también puede ser un signo de baja autoestima. Ejemplo: «Oh, sólo soy un pésimo cocinero. No deberías esperar mucho de mi comida».

- La autodesvalorización implica infravalorar o subestimar las capacidades, el valor o las contribuciones de una persona. Suele derivarse de una falta de confianza o autoestima y puede llevar a no reconocer los propios puntos fuertes y logros. Ejemplo: «No creo que esté cualificado para este ascenso. Hay mucha gente que es mejor que yo».

Estos términos captan un matiz diferente de cómo los empáticos pueden rebajarse a sí mismos o subestimar su valor. Pero para entender por qué el empático ha interiorizado estos sentimientos y pensamientos sobre sí mismo, debemos tener en cuenta qué escuchó en la infancia que los provocó. Algunos ejemplos de frases narcisistas comunes son:

- «Siempre estás tan sensible. Necesitas ser más fuerte».

- «No eres tan especial como crees. Eres igual que los demás».

- «No puedes con ello. Deberías hacerte a un lado y dejar que alguien más competente se haga cargo».

- «No eres tan bueno como crees. Sólo eres normal».

- «No vales el esfuerzo. Deberías abandonar».

Estas afirmaciones están diseñadas para minar la autoestima y la confianza del empático, haciéndole cuestionar sus habilidades y su valía. El narcisista utiliza estas tácticas para mantener el control y la superioridad, lo que a menudo provoca que el empático interiorice sentimientos de inadecuación y duda de sí mismo.

Capítulo 9: Cómo combatir la manipulación narcisista

Considera los ejemplos de frases narcisistas que aparecen a continuación y utilízalos para identificar a narcisistas pasados o presentes en tu vida. Comience su viaje de sanación afirmando lo contrario de lo que escuchó.

A) Lucha contra el autodesprecio - Esta categoría se centra en frases que disminuyen el valor y la felicidad de una persona:

A.1. Soy digno de amor y de las cosas buenas de la vida. A.2. Merezco la felicidad y el éxito.

Contra: No tienes valor. No mereces nada bueno en la vida.

A.2. Estoy en un camino de crecimiento y éxito. Lograré grandes cosas.

En contra: Eres un fracaso total. Nunca llegarás a nada.

A.3: Hago todo lo que puedo y progreso. No soy una decepción.

Contra: Eres una decepción. Siempre decepcionas a todo el mundo.

A.4. Soy importante y mis sentimientos son importantes. Merezco que me traten con respeto.

En contra: Tus sentimientos no importan. No son lo bastante importantes como para preocuparse por ellos.

A.5. Tengo el poder de hacer cambios positivos en mi vida. Soy capaz de conseguir mis objetivos.

En contra: No puedes cambiar nada. Sencillamente, no tienes la capacidad de lograr tus objetivos.

B) Combatir el autodesprecio - Esta categoría incluye frases que menosprecian la inteligencia, las capacidades y el potencial de una persona:

B.1. Soy inteligente y capaz. Puedo afrontar cualquier reto que se me presente.

Contra: No eres lo bastante inteligente para afrontarlo. Deja que lo haga otro.

B.2 Estoy destinado al éxito. No aceptaré las limitaciones que me impongan otras personas.

En contra: No estás destinado al éxito. Simplemente debes aceptar tus limitaciones.

B.3 Soy capaz de aprender y mejorar. No me definen mis errores pasados.

En contra: Simplemente no eres lo bastante bueno. Deberías rendirte.

B.4 Tengo ideas y percepciones únicas que son valiosas. Soy creativo e ingenioso.

En contra: Tus ideas son estúpidas. No eres creativo ni ingenioso.

B.5 Soy capaz de aprender cosas nuevas y adaptarme al cambio. Me gustan el crecimiento y los retos.

En contra: No puedes aprender cosas nuevas. Nunca serás capaz de adaptarte o cambiar.

C) Refutar el autodesprecio - Esta categoría incluye frases que minimizan o ridiculizan las habilidades y competencias de una persona:

C.1. Soy un buen cocinero y competente en la cocina. Espero grandes cosas de mi cocina.

Contrapunto: Oh, eres un pésimo cocinero. No deberías esperar mucho de tu cocina.

C.2 Soy hábil y capaz. Soy bueno en esta tarea.

En contra: No se te da muy bien. Tal vez deberías limitarte a tareas más sencillas.

C.3 Soy competente y fiable. Puedo asumir esta responsabilidad.

En contra: No eres lo bastante fiable para asumirla. Deberías dejársela a alguien más capaz.

C.4 Me comunico bien y expreso mis ideas con eficacia. Confío en mis capacidades.

En contra: Se te da fatal expresarte. Deberías callarte.

C.5 Soy organizado y eficiente. Gestiono bien mi tiempo y mis responsabilidades.

En contra: Eres muy desorganizado. No puedes con ninguna responsabilidad.

D) Contrarrestar el autodesprecio - Esta categoría incluye frases que desestiman o infravaloran los talentos, contribuciones y activos de una persona:

D.1. Tengo talento y soy capaz. Soy realista sobre mis habilidades y puntos fuertes.

Contra: No tienes tanto talento como crees. Necesitas ser más realista sobre tus capacidades.

D.2 Aporto una contribución significativa a mi equipo y a mis proyectos. Mi contribución es valiosa.

En contra: No contribuyes mucho. Deberías dejar que otros tomen la iniciativa.

D.3 Soy valioso y mi contribución se valora. Soy un activo para mi equipo.

En contra: No contribuyes lo suficiente. Debería hacerse a un lado.

D.4: Mis esfuerzos son reconocidos y valorados. Mi trabajo marca la diferencia.

En contra: A nadie le importan tus esfuerzos. Realmente no marcas la diferencia.

D.5: Aporto puntos fuertes y perspectivas únicas a mi equipo. Mi contribución es esencial.

En contra: Tus puntos fuertes son irrelevantes. Tu contribución no es necesaria ni deseada.

Capítulo 10: Identificación de frases desencadenantes

Aunque las secciones anteriores se han centrado en combatir directamente las frases narcisistas, las frases desencadenantes son más sutiles e insidiosas. Estas frases están diseñadas para provocar respuestas emocionales específicas y manipular las percepciones y sentimientos de la víctima.

Las frases desencadenantes suelen utilizarse para confundir, culpar o desestimar las experiencias de la víctima, creando dudas y confusión. Comprender y reconocer estos desencadenantes es fundamental para que las víctimas puedan combatir las tácticas de manipulación y reafirmar su realidad y autoestima.

En los ejemplos siguientes, encontrará lo siguiente:

1 - Frases utilizadas por el narcisista y su finalidad.

2 - Desencadenantes: La respuesta emocional o psicológica inmediata que pretende la frase. Si se utiliza con frecuencia, se convierte en una respuesta condicionada. En otras palabras, te hace sentir involuntariamente de una determinada manera y tiene efectos fisiológicos y psicológicos predeterminados que pueden interpretarse como una respuesta al trauma. Esta es la razón por la que las víctimas de abuso narcisista pueden mostrar síntomas de trastorno de estrés postraumático incluso después de que el narcisista se haya ido.

3 - Efectos: El impacto a largo plazo en el comportamiento, la autoimagen o la dinámica de relación de la víctima. En este caso, hablamos de los daños psicológicos que afectan a las víctimas del narcisismo durante el resto de sus vidas si no se les hace frente y se les trata. Estos efectos también están en el centro de los errores que las víctimas cometen en respuesta a sus experiencias.

A) Frases diseñadas para desafiar la realidad y la percepción - Estas frases están diseñadas para distorsionar el sentido de la realidad de la víctima y hacer que cuestionen sus recuerdos, percepciones y respuestas emocionales:

1. «Estás loco» y «Estás exagerando»;

Desencadenantes: Hace que la víctima dude de su cordura, sus percepciones y sus reacciones emocionales.

Efecto buscado: Hace que la víctima cuestione su realidad y reprima sus sentimientos, llevándola a dudar de sí misma y a confundirse.

2. «Yo nunca dije eso» y «Yo nunca hice eso»;

Desencadenante: Hace que la víctima cuestione su memoria y su percepción de los hechos.

Efecto buscado: Provoca dudas, confusión y hace que la víctima no esté segura de recordar los hechos, lo que acaba devaluando sus experiencias.

3. «Eres hipersensible»;

Desencadenante: Desprecia e invalida los sentimientos y emociones de la víctima.

Efecto buscado: Hace que la víctima se sienta hipersensible, lo que le lleva a reprimir o ignorar sus sentimientos y necesidades. También puede hacer que la víctima dude de su inteligencia emocional y de su capacidad de recuperación.

4. «Tú me obligaste a hacerlo»;

Desencadenante: Culpa a la víctima de las acciones del manipulador, trasladando la responsabilidad a la víctima.

Efecto previsto: Hace que la víctima se sienta responsable y culpable del comportamiento del manipulador. Esto puede llevar a la autoculpabilización, a la duda y a un sentido distorsionado de la responsabilidad.

B) Frases diseñadas para hacer que la víctima se sienta mal consigo misma - Estas frases están diseñadas para bajar la autoestima de la víctima y hacer que se sienta inadecuada o poco querida:

1. «Eres un egoísta» y «Sólo te preocupas de ti mismo»;

Desencadenantes: Acusar a la víctima de ser egocéntrica y desconsiderada.

Efecto buscado: Hace que la víctima se sienta culpable por tener necesidades y querer ponerse a sí misma en primer lugar. Esto puede llevar a la desatención de sí misma y a un sentido distorsionado de las prioridades.

2. «Nadie más te aguantaría».

Desencadenante: Implica que es difícil querer o vivir con la víctima.

Efecto buscado: Hace que la víctima se sienta inadecuada, no querible y atrapada en la relación. Esto puede provocar sentimientos de impotencia y baja autoestima.

3. «Siento que te sientas así»;

Desencadenante: Desprecia los sentimientos de la víctima sin asumir la responsabilidad.

Efecto previsto: ignora los sentimientos de la víctima y desvía la atención de las acciones del manipulador. Esto puede hacer que la víctima reprima sus sentimientos y dude de sus experiencias emocionales.

4. «Te estás imaginando cosas»;

Desencadenante: Confunde a la víctima, haciéndola dudar de sus percepciones.

Efecto previsto: Provoca dudas, confusión y hace que la víctima no esté segura de su interpretación de los hechos. Esto puede conducir a un sentido distorsionado de la realidad y al autocuestionamiento.

C) Frases diseñadas para hacer que la víctima se sienta culpable, desagradecida o dramática - Estas frases están diseñadas para manipular a la víctima para que se sienta culpable o exagere sus sentimientos:

1. «Deberías estar agradecido por lo que hago por ti».

Desencadenante: Implica que la víctima es desagradecida por los esfuerzos del manipulador.

Efecto buscado: Hace que la víctima se sienta desagradecida y en deuda, animándola a tolerar el maltrato o el abuso. Esto puede conducir a un sentimiento de obligación y de trampa.

2. «Eres igual que tu madre», «Eres igual que tu padre» o «Eres igual que tu tío»;

Desencadenante: Compara a la víctima con un miembro de la familia, normalmente con connotaciones negativas.

Efecto buscado: Provoca emociones negativas y hace que la víctima se sienta inadecuada o defectuosa. Esto puede provocar dudas sobre sí mismo y una imagen distorsionada de sí mismo.

3. «Si me quisieras de verdad, harías esto».

Desencadenante: Manipula a la víctima para que haga lo que quiere el manipulador.

Efecto buscado: Hace que la víctima se sienta culpable por no cumplir y cuestione su compromiso con la relación. Esto puede llevar a una pérdida de límites personales y de autonomía.

4. «Estás siendo dramático»;

Desencadenante: Considera exagerados los sentimientos y reacciones de la víctima.

Efecto buscado: Invalida los sentimientos de la víctima y le hace sentir que sus preocupaciones no son legítimas. Esto puede provocar inseguridad y represión emocional.

D) Frases diseñadas para hacer que la víctima se sienta necesitada, indefensa o que le pasa algo - Estas frases están diseñadas para hacer que la víctima se sienta emocional o mentalmente inestable, necesitada o indefensa:

1. «Necesitas ayuda» o «Deberías ver a un terapeuta».

Desencadenante: Implica que la víctima es mental o emocionalmente inestable.

Efecto previsto: Hace que la víctima sienta que le pasa algo y cuestione su bienestar mental. Esto puede llevar a la duda y a un sentido distorsionado de sí mismo.

2. «Estás demasiado necesitada» o «Eres demasiado pegajosa»;

Desencadenantes: Hace que la víctima se sienta mal por tener necesidades y desear cercanía.

Efecto previsto: Hace que la víctima se sienta insegura, no deseada y culpable por expresar sus necesidades. Esto puede llevar a la autodesatención y al miedo al abandono.

3. «Sólo intento ayudarte»;

Desencadenante: Manipula a la víctima para que crea que el manipulador tiene buenas intenciones.

Efecto buscado: Hace que la víctima dude de su propio juicio e ignore el comportamiento dañino del manipulador. Esto puede llevar a una pérdida de confianza en sus propios instintos y a una tolerancia continuada del abuso.

4. «Siempre haces lo mismo»;

Desencadenante: Generalizar e ignorar el comportamiento o los sentimientos de la víctima.

Efecto buscado: Hace que la víctima sienta que sus acciones o sentimientos son predecibles, inválidos o sin importancia. Esto puede llevar a la duda y a la pérdida de confianza en sus propias experiencias.

Capítulo 11: Historia de dos enfermedades mentales

Las víctimas del narcisismo a menudo pueden ser etiquetadas como introvertidas, al igual que los narcisistas pueden ser percibidos como extrovertidos, cuando la verdad es que el narcisista está poniendo una fachada mientras que la víctima del narcisismo está lidiando con sus sentimientos de inadecuación y falta de autoestima. La víctima carece de confianza, mientras que el narcisista finge tener confianza para exagerar cualidades que no posee.

Por eso la palabra «empático» no es tan positiva como podría parecer a primera vista, porque el empático no es necesariamente un individuo altruista, sino simplemente alguien que empatiza con el sufrimiento de los demás. Esto se debe a que pueden verse a sí mismos a través de las emociones de los demás.

La razón por la que muchos empáticos son víctimas de abuso narcisista durante el resto de sus vidas es que el narcisista sabe fingir ser víctima de sus propias acciones y de las consecuencias de sus errores para ganarse la empatía del empático.

Los narcisistas se dirigen específicamente a los empáticos y los eligen para una relación, seduciéndolos con la clara intención de ganarse su confianza, porque los narcisistas saben que los empáticos son más tolerantes al abuso que cualquier otra persona. La fachada del narcisista de ser una víctima de la vida que él mismo se ha creado no es sólo una demostración de falta de responsabilidad, sino también una estrategia para ganarse la simpatía del empático.

El empático, por su parte, no se enamora de las cualidades del narcisista porque no existan, sino de la debilidad que el narcisista presenta en forma de ilusión. Así, mientras el narcisista proyecta una ilusión para enamorar al empático, éste, en lugar de enamorarse de una mentira, en realidad se enamora de la ilusión proyectada que le representa a él mismo.

El narcisista proyecta una personalidad que no tiene, y el empático se enamora de las cualidades que no puede ver en sí mismo, precisamente porque no tiene amor propio. Es una unión infernal, porque ambos son enfermos mentales, aunque manifiesten la enfermedad de formas aparentemente contradictorias. Es como si el empático dijera: «No merezco ser amado, pero puedo amar a otra persona», mientras que el narcisista dice: «No puedo amar a nadie, pero merezco ser amado». Ambos también aplican la misma mentalidad cuando se trata de una relación, porque han complementado su disfunción de forma similar a lo largo de los años.

Uno de los errores más comunes que veo cometer a los empáticos es asumir que son víctimas del narcisismo en lugar de víctimas de sus propias elecciones y creencias. No ven que también son enfermos mentales y, en cambio, utilizan el narcisismo como trofeo de su propia superioridad sobre otras personas, básicamente actuando como un narcisista cuando dicen que aman más que otras personas y que han sido lastimados debido a su empatía por los demás.

Esto no es una cura para el abuso narcisista, es racionalizar la experiencia y asimilarla en tu mente como una herida permanente. Es como envolver una caja llena de basura en un envoltorio bonito y colorido en lugar de tirarla.

Los empáticos sólo pueden curarse del abuso narcisista si dejan de empatizar con los que son malos. Esto significa desarrollar el discernimiento emocional, porque es la falta de discernimiento emocional lo que les hace empatizar con quienes pueden hacerles daño. Esto debe verse como una deficiencia psicológica y no como una ventaja cognitiva, que no es el caso.

Pasé muchos años estudiando el abuso narcisista, pero no pude curarme hasta que aprendí a amarme a mí misma. Lleva años estar a solas contigo mismo y encontrar una razón para vivir cuando no hay ninguna fuera de ti. Sabes que puedes amarte a ti mismo cuando eres capaz de dejar ir a la gente que no te respeta. Hasta entonces, no puedes decir que el amor es ciego ante la falta de respeto o que toleras el abuso de los demás porque tienes más empatía que la media de las personas. Eso no es amor, es enfermedad mental. Cuando dos personas con enfermedades mentales se juntan, tienes lo que se llama una relación tóxica.

Sólo cuando eres capaz de liberarte de una pareja irrespetuosa para encontrar una soledad pacífica puedes entender el amor propio y sólo entonces puedes encontrar el amor verdadero. Pero aquí hay otro desafío: debido a que los empáticos sufrieron abusos en la infancia, es probable que no comprendan el amor verdadero y, por lo tanto, no desarrollen sentimientos por la persona adecuada, del mismo modo que un narcisista no lo verá.

La diferencia es que mientras que los narcisistas nunca encuentran el amor verdadero porque buscan la admiración, los empáticos pueden encontrar el amor verdadero en cuanto den prioridad al respeto, y lo aprenderán en cuanto desarrollen el amor propio.

Capítulo 12: Confusión entre amor propio y narcisismo

Parece una contradicción decir que los empáticos necesitan amor propio, porque es como si los empáticos necesitaran parecerse a los narcisistas, del mismo modo que los narcisistas necesitan buscar el amor fuera de sí mismos. Sin embargo, la sociedad niega el amor propio del empático cuando lo confunde con egoísmo y egocentrismo y lo condena como un acto de narcisismo. Pero la sociedad no sabe distinguir entre los dos y ni siquiera puede diferenciar a un narcisista de un empático.

Si una persona normal no puede distinguir a un narcisista de un empático, ¿por qué deberíamos esperar que sea capaz de distinguir el egoísmo de la autoestima o el amor propio? No pueden. Las opiniones de las masas ignorantes son inútiles y a menudo pueden aumentar el daño psicológico causado por el narcisista. Esto es especialmente cierto si compartes las acciones de los narcisistas en tu vida con otros miembros de la familia, especialmente con otros narcisistas.

También vale la pena señalar que la mayoría de las personas que he conocido que afirman ser víctimas de narcisistas son narcisistas ellos mismos. Aunque no es raro que los narcisistas etiqueten a los empáticos como narcisistas, especialmente para menospreciarlos e invalidarlos en público, también es cierto que los narcisistas a menudo se enamoran de otros narcisistas, o al menos sienten una fuerte atracción y conexión emocional con ellos. Este es quizás el ejemplo más obvio de cómo un narcisista se autodestruye, porque buscan la admiración de aquellos que pueden engañarlos de la misma manera que han engañado a otros.

Por esta razón, mientras que es más probable que el empático se recupere de su enfermedad mental, es más probable que el narcisista acabe con el corazón roto y solo en el futuro, especialmente en el caso de las mujeres narcisistas.

Al final, el empático puede elegir luchar contra la soledad y atravesar la oscuridad para reconstruirse a sí mismo y su vida, o puede simplemente rendirse y dejar que el narcisista gane el juego de degradar a los demás volviéndose sobre sí mismo y aceptando la mentira de que no es digno de amor y éxito. Pero el narcisista nunca podrá encontrar el verdadero amor o la satisfacción debido a su obsesión por la manipulación y su necesidad de ser admirado.

El narcisista puede incluso alcanzar un nivel académico y profesional muy alto, lo que le hace esforzarse aún más para ocultar su incompetencia y las mentiras que ha tenido que producir para llegar hasta allí. También tendrá que vivir con la tensión constante de fingir ser alguien que no es ante las personas que desprecia, pero que se sienten atraídas por su vida precisamente porque ha conseguido manipularlas.

Al final, la máscara cae y todos ven al narcisista tal y como es. Pero esta máscara cae más rápidamente que con otras personas cuando el narcisista y el empático se encuentran en una relación. El empático se agota intentando hacer feliz al narcisista, mientras que el narcisista nunca consigue ser feliz y, por lo tanto, se agota compitiendo para derribar al empático. Cuanto más amor ofrece el empático, más odio responde el narcisista y, al final, el empático simplemente se vuelve apático.

El narcisista siempre gana agotando a los demás, y lo hace planeando y tramando constantemente su caída. Pero esto es también lo que hace que el narcisista se arrepienta más tarde de su comportamiento, porque, por supuesto, nunca encontrará fácilmente una persona empática en su vida. Todos los narcisistas que conocí acabaron lamentando haberme perdido y enviándome mensajes para que les respondiera.

Nunca les respondí por la razón obvia de que los narcisistas nunca cambian. Su arrepentimiento siempre tiene que ver con ellos mismos y con el hecho de haber perdido su juguete favorito y la atención que les proporcionaba. A los ojos del narcisista, no eres una persona real, sino un objeto cuyo valor es la atención que le prestas o la validación que obtiene de los demás a través de ti o por tenerte.

El narcisista sólo se lamenta de su propia infelicidad por no haber encontrado un juguete mejor al que manipular para obtener afecto y atención, aunque la víctima simplemente estaría peor que antes si volviera a tener a la misma persona. Esto se debe a que el narcisista desprecia a la víctima tanto como se desprecia a sí mismo. Una víctima que vuelve al abuso es aún más degradante a los ojos del narcisista que una que tuvo que ser manipulada para ser abusada. Así, el narcisista se siente más justificado para abusar de los que vuelven a él que de los que huyen.

Capítulo 13: La paradoja del amor narcisista

La relación entre los narcisistas y quienes ven a través de su barniz presenta una paradoja desconcertante. Contraintuitivamente, los narcisistas suelen mostrar mayor respeto por las personas que reconocen su verdadera naturaleza, incluso cuando intentan castigarlas o controlarlas. Esto se deriva de la visión distorsionada que el narcisista tiene del amor, ya que equipara el reconocimiento y la confrontación con el afecto genuino, independientemente de lo disfuncional que pueda ser esta dinámica.

Esta visión distorsionada del amor se extiende a la percepción del narcisista de la violencia. Muchos narcisistas interpretan el comportamiento agresivo o abusivo como muestras apasionadas de amor. Esta mentalidad a menudo conduce a un ciclo kármico en el que los narcisistas se sienten atraídos por parejas igualmente volátiles que los desprecian, pero permanecen atrapados en relaciones tumultuosas que pueden durar décadas. A menudo, los papeles pueden ser intercambiables, ya que ambos individuos aprenden a alternar entre agresor, salvador y víctima:

- Cuando la persona A cambia al papel de víctima, la persona B cambia al papel de salvador.

- Cuando la persona B pasa al papel de salvador, la persona A pasa al papel de agresor.

- Cuando la persona A se convierte en el agresor, la persona B deja de ser el salvador y se convierte en la víctima.

- Cuando la persona A se da cuenta de que ha conseguido que la persona B se sienta indefensa, puede cambiar al papel de salvador.

- Si la persona B se aprovecha de la transformación salvadora del narcisista y utiliza la venganza, la persona B se convierte en el agresor y la persona A pasa al estado de víctima.

Examinemos cómo puede aplicarse el cambio de valencia a los ejemplos anteriores:

1. De agresor a víctima: Un narcisista puede dejar de ser el agresor y empezar a hacerse la víctima para manipular a la otra persona en el papel de salvador.

Por ejemplo:

Agresor: «Estás loco» (cuestionar la realidad y la percepción).

Víctima: «No puedo creer que seas tan malo conmigo. Sólo intento hacerlo lo mejor que puedo» (cambiar al papel de víctima para conseguir simpatía o hacer que la otra persona se sienta culpable).

2. De víctima a agresor: Un narcisista que se hace la víctima puede cambiar repentinamente al papel de agresor cuando cree que ha ganado suficiente simpatía o quiere recuperar el control.

Por ejemplo:

Víctima: «Nadie más podría soportarte» (haciendo que la víctima se sienta mal).

Agresor: «¡Eres tan desagradecido después de todo lo que he hecho por ti!» (Cambiar al papel de agresor para hacer que la otra persona se sienta culpable y en deuda).

3. Salvador del agresor o víctima: Un narcisista en el papel de salvador puede cambiar a agresor o víctima cuando no recibe la admiración u obediencia que espera.

Por ejemplo:

Salvador: «Sólo intento ayudarte» (fingiendo tener buenas intenciones).

Agresor: «¡Pero si no me escuchas! Eres tan testarudo!» (Cambiando al papel de agresor cuando su "ayuda" no es aceptada).

Víctima: «¿Me esfuerzo por ayudarte y así me lo agradeces?» (Cambio al papel de víctima para provocar culpa o simpatía).

En la dinámica entre dos narcisistas, estos cambios de valencia pueden producirse con frecuencia y rapidez, ya que cada persona intenta ganar la partida o mantener el control. Los papeles son intercambiables y las tácticas de manipulación utilizadas pueden cambiar rápidamente, dependiendo de la situación y del resultado deseado.

Esta triangulación siempre tiene lugar entre un narcisista y quienquiera que atraiga a su vida, que puede o no ser otro narcisista. Sin embargo, una vez que una persona queda atrapada en este ciclo, nunca termina. El narcisista siempre se hace la víctima cuando la víctima desarrolla amor propio y abandona la relación, e inmediatamente se convierte en el agresor cuando la víctima cae en la trampa, comenzando de nuevo el mismo ciclo de locura.

Los empáticos caen en las trampas del narcisista porque éste les presenta una condición ficticia o pseudorrealista en la que necesitan ser rescatados de una situación que el narcisista ha creado deliberadamente o de la que están sufriendo como resultado de sus propias acciones. Esta es también la forma típica en la que los narcisistas se ven arrastrados a una relación con otro narcisista.

Por otro lado, como estos juegos mentales suelen ocurrir en las relaciones con narcisistas, es también a través de estos juegos que una persona que alguna vez fue normal y saludable puede, con el tiempo, convertirse en víctima de abuso narcisista y más tarde convertirse ella misma en narcisista.

Capítulo 14: Cuando las víctimas reflejan a sus agresores

El fenómeno de las víctimas de abuso narcisista que adoptan rasgos narcisistas es un aspecto complejo y fascinante del ciclo del abuso. Esta inversión de roles, a menudo denominada narcisismo reactivo, puede manifestarse de diversas maneras. He aquí algunos ejemplos de cómo las víctimas pueden actuar contra los narcisistas adoptando ellas mismas comportamientos narcisistas:

1. El tratamiento silencioso: Una víctima que ha pasado por un largo período de ser ignorado o recibir el tratamiento de silencio de un narcisista puede empezar a utilizar esta táctica. Pueden retraerse emocionalmente y negarse a comunicarse con el narcisista como forma de venganza o autoprotección.

2. 2. Gaslighting: Después de ser gaslighted por un narcisista, algunas víctimas pueden comenzar a cuestionar y manipular la realidad del narcisista. Pueden negar eventos o conversaciones

en un intento de hacer que el narcisista dude de sus propias percepciones.

3. Triangulación: Las víctimas pueden aprender a triangular, trayendo a otras personas en sus conflictos con el narcisista para obtener apoyo o validación, al igual que el narcisista puede haber hecho con ellos.

4. Grandiosidad y prepotencia: Algunas víctimas pueden desarrollar un sentido exagerado de prepotencia como mecanismo de defensa. Pueden empezar a presumir de sus logros o a exagerar sus capacidades, reflejando el comportamiento del narcisista.

5. Falta de empatía: Después de estar expuestas a la falta de empatía de un narcisista, algunas víctimas pueden entumecerse emocionalmente y tener dificultades para empatizar con los demás, incluido el narcisista.

6. Manipulación: Las víctimas pueden adoptar tácticas de manipulación que han observado en el narcisista, utilizando la culpa, la vergüenza o el miedo para controlar el comportamiento del narcisista.

7. Búsqueda de atención: Algunas víctimas pueden empezar a anhelar la atención y la validación de los demás, al igual que el narcisista, con el fin de reconstruir su dañada autoestima.

8. Búsqueda de venganza: En casos extremos, las víctimas pueden planear elaborados planes de venganza y centrarse obsesivamente en vengarse del narcisista, reflejando la tendencia del narcisista a guardar rencor y buscar venganza.

9. Retención de emociones: Así como los narcisistas generalmente retienen el afecto y la aprobación, algunas víctimas pueden aprender a hacer lo mismo, utilizando la retención emocional como una forma de control o castigo.

10. Crítica excesiva: Después de ser constantemente criticadas por un narcisista, algunas víctimas pueden volverse hipercríticas, encontrando constantemente defectos en el narcisista o en otras personas.

11. Violación de límites: Después de ver sus límites repetidamente violados, algunas víctimas pueden comenzar a ignorar los límites de los demás, incluido el narcisista, en un intento de recuperar el control.

12. Proyección: Las víctimas pueden empezar a proyectar sus propios sentimientos o inseguridades en el narcisista, culpándole de las cosas que está sintiendo o haciendo.

13. Derecho: Algunas víctimas pueden desarrollar un sentido de derecho, sintiendo que merecen un trato especial o exenciones de las reglas después de haber sido sometidos al sentido de derecho del narcisista.

14. Explotación: Las víctimas pueden comenzar a explotar a otras personas, incluyendo al narcisista, para su propio beneficio, reflejando el comportamiento de explotación que han experimentado.

15. Envidia y celos: Después de ser el blanco de la envidia y los celos de un narcisista, algunas víctimas pueden volverse envidiosas

y celosas, comparando constantemente sus vidas con las de los demás.

16. Arrogancia: Las víctimas pueden adoptar una actitud arrogante como mecanismo de defensa para protegerse de un mayor daño emocional.

17. Desplazamiento de la culpa: Algunas víctimas pueden empezar a culpar a otros, incluido el narcisista, de sus acciones para evitar asumir la responsabilidad de su propio comportamiento.

18. Hipersensibilidad a la crítica: Las víctimas pueden volverse extremadamente sensibles a cualquier forma de crítica, percibiéndola como un ataque personal, al igual que lo haría un narcisista.

19. Necesidad de adulación: Después de haber sido privadas de admiración y validación, algunas víctimas pueden desarrollar una necesidad excesiva de admiración por parte de los demás para aumentar su autoestima.

20. 20. Desprecio por los sentimientos de los demás: Las víctimas pueden empezar a despreciar los sentimientos y necesidades de los demás, incluido el narcisista, para protegerse de un mayor dolor emocional.

Capítulo 15: Dinámica de poder en las relaciones narcisistas

Hay muchas historias de la vida real que ilustran el cambio de valencia en las relaciones con narcisistas y la posible transformación de las víctimas en narcisistas. He aquí algunos ejemplos comunes:

1. El cónyuge que utiliza la luz de gas:

María y Juan estuvieron casados durante cinco años. María era una narcisista que a menudo gaslighted John. Le acusaba de flirtear con otras mujeres cada vez que salían, aunque él le era fiel. Un día, John descubrió que María tenía una aventura. Cuando se enfrentó a él, María le dio la vuelta a la tortilla, acusándole de ser el infiel y haciéndole saber su propia infidelidad.

Cambio de valencia: Agotado y confuso por las constantes acusaciones y ahora por la traición, Juan se volvió loco. Empezó a imitar el comportamiento de María, acusándola de más infidelidades y tergiversando sus palabras. También decidió «vengarse» y empezó a flirtear con otras mujeres, llegando a tener su propia aventura.

Resultado: María se quedó inicialmente atónita ante la repentina agresividad e infidelidad de John, pero pronto recuperó la compostura. Se hizo la víctima y acusó a John de ser cruel y poco cariñoso. Juan, a su vez, utilizó la infidelidad de María para justificar sus propias acciones. Su relación se convirtió en una constante lucha de poder, en la que ambas partes se vieron envueltas en un ciclo de infidelidad, manipulación y control. La transformación de Juan en un narcisista fue completa. Ya no le importaban los sentimientos de María ni la salud de su relación. Lo único que le importaba era conseguir y mantener el control. Sus infidelidades mutuas se convirtieron en munición en su guerra continua, en la que cada uno culpaba al otro del fin de la relación.

2. El sueño roto:

Paul y Richard eran amigos de la infancia y abrieron juntos una cafetería. Paul, con su carisma y visión, se puso al frente de las operaciones, mientras que Richard, más reservado y meticuloso, se ocupaba de las finanzas. Sin que Richard lo supiera, Paul tenía tendencias narcisistas que empezaron a manifestarse a medida que el negocio crecía. Cuando algo iba mal, Paul culpaba a Richard de no esforzarse lo suficiente o de no ser lo bastante competente. Richard, ansioso por preservar la amistad y el negocio, aceptó la culpa y se esforzó por enmendarlo.

Cambio de valencia: Tras un intento desastroso de ampliar la cafetería, sufrieron importantes pérdidas económicas. Paul culpó a Richard de no conseguir suficiente financiación y de ser demasiado cauto con su estrategia de marketing. Esta vez, sin embargo, Richard no se echó atrás. Estaba compensando en silencio los gastos imprudentes y las decisiones impulsivas de Paul, y había llegado a su punto de ruptura. Richard se vengó echándole la culpa a Paul. Enfrentó a Paul con pruebas de su mala gestión, como compras no autorizadas, facturas impagadas e ignorar las preocupaciones de los empleados. Richard acusó a Paul de poner en peligro la empresa y su amistad con su comportamiento irresponsable. Esta repentina asertividad cogió desprevenido a Paul y supuso un cambio significativo en la dinámica de la amistad.

El resultado: Paul, incapaz de asumir responsabilidades, asumió el papel de víctima. Acusó a Richard de ser desleal e insolidario y afirmó que Richard intentaba sabotearle. Su amistad se deterioró al verse envueltos en un ciclo de culpa y manipulación. Richard, en su nueva determinación de responsabilizar a Paul, empezó a desarrollar rasgos asertivos que rayaban en la agresividad. El ambiente de la cafetería se volvió tóxico. El personal se vio atrapado en medio y la calidad del servicio disminuyó. Los clientes empezaron a notar la tensión y el negocio decayó. Richard, al darse cuenta de que su sociedad no tenía arreglo, se dirigió a sus inversores comunes. Presentó pruebas de los delitos cometidos por Paul, y los inversores se pusieron de parte de Richard y exigieron que Paul dimitiera. Paul abandonó el negocio, pero la cafetería nunca se recuperó. Las pérdidas financieras fueron enormes, y el negocio, antes próspero, cerró unos meses después. El cambio de valencia en el comportamiento de Richard, de pasivo y complaciente a asertivo y conflictivo, acabó por poner fin a su amistad y a la desaparición del sueño que compartían.

3. La venganza del espejo:

Laura y Steve mantenían una relación sentimental en la que Laura era la narcisista. Al principio, Laura bombardeaba a Steve con amor, colmándole de afecto y haciéndole sentir el centro de su mundo. Sin embargo, cuando Steve se implicó emocionalmente, Laura empezó a devaluarle, criticando su aspecto, su inteligencia e incluso a sus amigos.

Cambio de valencia: Tras meses soportando las críticas y la manipulación de Laura, Steve tuvo de repente un cambio de perspectiva. Decidió que si no podía cambiarla, se uniría a ella. Empezó a imitar su comportamiento, a criticar su aspecto y su inteligencia y a manipular sus emociones. Aprendió a hacerse la víctima cuando le convenía y volvía todos los argumentos contra ella.

El resultado: al principio, Laura se sintió herida y conmocionada por el comportamiento de Steve, pero pronto se vio inmersa en una constante lucha de poder. Su relación se convirtió en una batalla interminable de críticas y manipulación. Steve adoptó cada vez más rasgos narcisistas y aprendió a alimentarse del drama y el control. Empezó a confundir a Laura, haciéndola cuestionar su propia realidad y cordura. Sin embargo, a medida que el narcisismo de Steve crecía, empezó a darse cuenta de que ya no necesitaba a Laura. Aprendió a alimentar su nuevo suministro narcisista con otras personas: amigos, compañeros de trabajo e incluso desconocidos. Comenzó a distanciarse de Laura, dándole a probar de su propia medicina. Desaparecía durante días, ignorando sus llamadas y mensajes, sólo para reaparecer con fría indiferencia. Laura, incapaz de soportar el cambio de papeles, se volvió cada vez más desesperada y errática. Intentó reconquistarlo, recuperar el control, pero Steve siempre iba un paso por delante, manipulándola como ella lo había manipulado a él. Finalmente, Steve desapareció por completo de su vida, dejando a Laura como una cáscara de su antiguo yo.

4. La suegra trianguladora:

Barbara era una narcisista que interfería con frecuencia en el matrimonio de su hijo Tom con Lisa. A menudo criticaba y se quejaba de Lisa ante Tom, haciéndose la víctima y afirmando que Lisa no era lo suficientemente buena para él. Al principio, Lisa intentaba razonar con Barbara y defenderse, mientras que Tom intentaba mediar en la situación.

Cambio de valencia: Con el tiempo, la manipulación y las críticas constantes de Barbara afectaron a Lisa. Empezó a adoptar rasgos narcisistas como mecanismo de defensa contra el abuso de Bárbara. Lisa empezó a menospreciar y criticar a Tom por no enfrentarse a su madre, imitando el comportamiento crítico de Bárbara; se hizo la víctima, afirmando que tanto Tom como Bárbara estaban en su contra y que ella era la única que intentaba salvar el matrimonio; manipuló situaciones para parecer superior a Bárbara, como exagerar sus logros y minimizar las contribuciones de Bárbara; exigió un trato especial a Tom, insistiendo en que pusiera sus necesidades y deseos por encima de todo lo demás para compensar el maltrato que su madre le daba.

El resultado: a medida que Lisa adoptaba rasgos más narcisistas, su matrimonio se volvía cada vez más tóxico. Tom se sentía atrapado en medio de una lucha de poder entre su madre y su esposa. La constante manipulación y crítica por ambas partes hizo que Tom se sintiera abrumado e incapaz de continuar con la relación. Solicitó el divorcio alegando una dinámica tóxica y diferencias irreconciliables. Barbara, haciéndose la víctima como siempre, culpó a Lisa del divorcio. Lisa, a su vez, culpó a Tom y Barbara del fracaso de su matrimonio, negándose a reconocer su propio papel en la dinámica.

Capítulo 16: La naturaleza insidiosa del abuso narcisista

A primera vista, la idea de que las víctimas de abuso narcisista puedan mostrar rasgos narcisistas puede parecer contraintuitiva o incluso paradójica, pero a medida que profundizamos en los mecanismos psicológicos en juego, empezamos a ver cómo esta respuesta puede surgir como una estrategia de afrontamiento ante el trauma prolongado y la manipulación.

Sin embargo, estos comportamientos en las víctimas son fundamentalmente diferentes de los de los verdaderos narcisistas, tanto en su origen como en su potencial de cambio. Määttä et al. (2012) explican que las víctimas a veces pueden adoptar comportamientos similares como mecanismo de afrontamiento. Es una forma de supervivencia psicológica, una manera de que la víctima navegue por las traicioneras aguas de su relación abusiva. A diferencia de los verdaderos narcisistas, las víctimas que muestran estos comportamientos suelen conservar la capacidad de autorreflexión y pueden sentir remordimientos por sus acciones.

Estos comportamientos en las víctimas suelen ser una respuesta aprendida al trauma, más que un rasgo de personalidad arraigado.

El concepto de «vínculo forzado por el trauma» o «apego forzado por el trauma», descrito por Raghavan y Doychak (2015), proporciona un marco para comprender esta compleja dinámica. Ante el abuso y la manipulación continuos, las víctimas pueden empezar a perder el sentido de sí mismas y adoptar gradualmente aspectos de la visión del mundo o los comportamientos del agresor. Este proceso puede verse como una forma de que las víctimas den sentido a sus experiencias y mantengan cierta apariencia de control en un entorno caótico e impredecible.

Howard (2022) aclara aún más este fenómeno, describiéndolo como una forma de «martirio viviente». En este estado, las víctimas pueden adoptar temporalmente algunas de las características de su agresor como forma de afrontar y comprender sus experiencias traumáticas. Este mimetismo puede servir para varios propósitos: puede ayudar a la víctima a predecir y controlar el comportamiento del agresor, proporcionar una sensación de empoderamiento en una situación que de otro modo sería impotente, o incluso servir como un intento equivocado de conectar con el agresor en sus propios términos. Sin embargo, las víctimas que adoptan estos comportamientos pueden sentir culpa o remordimiento por sus acciones, creando un conflicto interno que sirve como angustia adicional mientras luchan por reconciliarse con sus valores fundamentales y su sentido de sí mismas.

Lahav et al. (2020) ofrecen más información sobre el complejo panorama emocional de las víctimas de abusos, señalando que a menudo luchan con la agresión interna y externa a medida que procesan su trauma. Esta lucha interna es claramente diferente de la falta de empatía y autorreflexión que se observa en el verdadero trastorno narcisista de la personalidad. De hecho, la presencia de este conflicto interno puede considerarse un signo positivo, ya que indica que la víctima no ha perdido completamente el contacto con su auténtico yo y sus valores.

La capacidad de las víctimas para recuperarse del abuso narcisista y librarse de estos comportamientos adoptados está influenciada por varios factores, incluyendo la duración y la intensidad del abuso, la resiliencia personal de la víctima y el acceso a apoyo y recursos adecuados. Ghodratollahifard et al. (2020) destacan la vulnerabilidad específica de las personas que han sufrido traumas en la infancia, descubriendo que el maltrato temprano, combinado con estrategias inadaptadas de regulación de las emociones, se asocia con un mayor riesgo de desarrollar síntomas de trastorno de la personalidad más adelante en la vida. Esto pone de relieve la importancia fundamental de la intervención temprana y el apoyo a las víctimas de abuso narcisista, especialmente los niños y adolescentes que pueden estar en mayor riesgo de secuelas psicológicas a largo plazo.

Sin embargo, la recuperación es posible incluso para aquellos que han sufrido abusos prolongados o graves. Maffini et al. (2021) destacan la eficacia de la terapia cognitivo-conductual centrada en el trauma para ayudar a las víctimas de abuso a procesar sus experiencias y desarrollar mecanismos de afrontamiento más saludables. Este tipo de terapia puede ser particularmente beneficiosa para tratar los comportamientos desadaptativos que pueden haberse desarrollado como resultado del abuso, ayudando a las víctimas a reconectar con su auténtico yo y reconstruir un sentido de agencia y autoestima. El camino hacia la recuperación suele implicar un enfoque polifacético que aborda tanto los aspectos psicológicos como prácticos de la curación. Esto puede incluir terapia individual, grupos de apoyo, educación sobre el abuso narcisista y sus efectos, y asistencia práctica en áreas como la vivienda, el empleo y el apoyo legal. El objetivo no es sólo ayudar a las víctimas a procesar su trauma, sino también permitirles reconstruir sus vidas y recuperar su sentido de la identidad.

El proceso de recuperación rara vez es lineal y puede incluir contratiempos y desafíos a lo largo del camino. Las víctimas pueden experimentar problemas de confianza, hipervigilancia y dificultades para establecer relaciones sanas, incluso después de salir de la situación de abuso. Estos retos permanentes subrayan la necesidad de apoyo y comprensión a largo plazo, tanto por parte de los profesionales como de la red de apoyo personal de la víctima.

Si no se trata, la víctima de abuso narcisista puede correr el riesgo de desarrollar rasgos narcisistas más duraderos, perpetuando potencialmente el ciclo de abuso en sus relaciones futuras. Este potencial de transmisión intergeneracional del abuso subraya la importancia fundamental de romper el ciclo a través de la educación, la sensibilización y el apoyo accesible a la salud mental. Al reconocer los signos de abuso narcisista y ofrecer una intervención oportuna, podemos ayudar a prevenir la perpetuación de estos patrones perjudiciales y apoyar a las víctimas en su camino de curación y recuperación.

Capítulo 17: El arma de doble filo del abuso narcisista

En el complicado escenario de las relaciones en las que intervienen narcisistas, la dinámica puede cambiar drásticamente, lo que a menudo conduce a intensos enfrentamientos emocionales y, en algunos casos, a acciones extremas por parte de quienes han sido víctimas. Estos cambios pueden manifestarse de diversas formas, incluyendo el recurso a la violencia por parte de las víctimas o el abandono de sus agresores en circunstancias terribles. Las siguientes historias y casos reales ilustran los profundos efectos del abuso narcisista y hasta dónde pueden llegar las víctimas para escapar o tomar represalias.

El caso de los hermanos Menéndez (1989): Lyle y Erik Menéndez fueron condenados por asesinar a sus padres, José y Kitty Menéndez, en su mansión de Beverly Hills. Los hermanos alegaron que habían sufrido años de abusos sexuales, emocionales y físicos a manos de su narcisista y maltratador padre. Los hermanos fueron condenados a cadena perpetua sin posibilidad de libertad condicional.

El caso Betty Broderick (1989): Después de soportar años de abuso emocional a manos de su marido narcisista, Dan Broderick, Betty Broderick disparó y mató a Dan y a su nueva esposa, Linda. Betty se volvió cada vez más inestable después de que Dan la dejara por su joven ayudante, Linda, y utilizó sus conocimientos jurídicos para manipular el proceso de divorcio.

La historia de Ruchika Girhotra (1990): Ruchika Girhotra era una niña de 14 años que sufrió abusos sexuales por parte de S.P.S. Rathore, un alto cargo de la policía de Haryana (India). Rathore tenía tendencias narcisistas y utilizaba su poder para intimidar y abusar de Ruchika. A pesar del acoso, Ruchika y su familia resistieron y presentaron una denuncia contra Rathore. Trágicamente, Ruchika se suicidó tres años después debido al acoso continuado y al estigma social. Su familia continuó la batalla legal y, en 2009, Rathore fue finalmente condenado.

El caso de Clara Harris (2002): Clara Harris era una dentista de Texas que descubrió que su marido, David Harris, tenía una aventura con su recepcionista. David tenía rasgos narcisistas y un historial de infidelidades. En un arrebato de ira, Clara atropelló varias veces a David con su coche en el aparcamiento de un hotel, matándolo. Clara fue declarada culpable de asesinato y condenada a 20 años de cárcel.

El caso de Mary Winkler (2006): Mary Winkler era una mujer de Tennessee que disparó y mató a su marido, Matthew Winkler, ministro con un historial de comportamiento narcisista y abusivo. Mary soportó años de abusos emocionales y físicos antes de tomar medidas extremas. Posteriormente fue declarada culpable de homicidio voluntario y condenada a tres años de prisión.

Caso John Edwards y Rielle Hunter (2006): John Edwards, ex senador estadounidense, mantuvo una publicidísima relación extramatrimonial con Rielle Hunter mientras su esposa, Elizabeth Edwards, luchaba contra el cáncer. John, que mostraba tendencias narcisistas, buscaba validación y admiración fuera de su matrimonio. Rielle, inicialmente víctima de la manipulación de John, acabó utilizando la aventura para obtener ventajas económicas y sociales. La aventura llevó a la disolución de la carrera política de John y le dejó luchando contra la humillación pública y la pérdida personal.

El caso de Jodi Arias y Travis Alexander (2008): La relación entre Jodi Arias y Travis Alexander fue tumultuosa y estuvo marcada por la manipulación emocional y el control. Travis, que mostraba rasgos narcisistas, a menudo menospreciaba y manipulaba a Jodi. Con el tiempo, el comportamiento de Jodi se volvió cada vez más errático y obsesivo. En 2008, la relación culminó en un violento enfrentamiento en el que Jodi asesinó a Travis en su casa de Mesa, Arizona.

El caso de Gypsy Rose Blanchard (2015): Gypsy Rose Blanchard fue durante mucho tiempo víctima de su madre, Dee Dee Blanchard, que mostraba un comportamiento narcisista y abusivo, fabricaba enfermedades para Gypsy y la sometía a procedimientos médicos innecesarios. Para escapar de los abusos de su madre, Gypsy conspiró con su entonces novio para asesinar a Dee

Dee. Gypsy manipuló a su novio para que cometiera el crimen, reflejando las tácticas de manipulación que aprendió de su madre.

El caso de Sally Challen (2019): Sally Challen fue condenada por el asesinato de su marido, Richard Challen, en 2010, tras soportar décadas de maltrato psicológico. Richard tenía rasgos narcisistas y sometía a Sally a un control coercitivo. En 2019, la condena de Sally fue anulada y ella salió de prisión tras una apelación exitosa que reconoció el impacto del control coercitivo y la violencia doméstica.

Capítulo 18: El encanto perdurable de los vínculos tóxicos

La longevidad de los vínculos tóxicos con narcisistas suele sustentarse en el sentimiento interiorizado de desesperanza de la víctima y en la hábil manipulación psicológica del narcisista. Pero los efectos de estas relaciones disfuncionales se extienden y afectan a familias enteras. Los niños criados en hogares dominados por el abuso narcisista son testigos de conflictos constantes y llegan a normalizar la violencia como parte inherente de las relaciones cercanas. Sus cuidadores enfermos mentales refuerzan esta visión distorsionada del mundo, insistiendo en que el caos y la agresión que experimentan son perfectamente normales.

Como resultado, estos niños se convierten a menudo en adultos a los que les molesta la paz e inconscientemente crean dramas para recrear la agitación familiar de su educación. Algunos incluso equiparan el conflicto y la reconciliación con el amor verdadero, incapaces de imaginar una relación de pareja sana y estable. Como me han dicho algunas mujeres con trastornos mentales: «Si no nos peleamos y nos reconciliamos, ¿cómo sabré que me quieres? ¿Y cómo sabré si me quieres de verdad o si puedes dejarme?».

La dinámica creada por los narcisistas es extremadamente atractiva porque se caracteriza por intensas experiencias emocionales y manipulación psicológica. Por eso se les retrata tan a menudo en diversos medios de comunicación, como la literatura y el cine, donde estas relaciones suelen ser románticas. Suelen seguir un patrón en el que una persona, normalmente con rasgos narcisistas, ejerce control e influencia sobre su pareja, que se vuelve emocionalmente dependiente del narcisista.

La fascinación generalizada por estas relaciones puede verse en la popularidad de novelas como «Cincuenta sombras de Grey», de E.L. James, que se ha convertido en un fenómeno cultural. El libro y sus secuelas exploran la compleja dinámica entre los protagonistas, Christian Grey y Anastasia Steele, cuya relación está marcada por juegos de poder y elementos de control a menudo asociados a las relaciones narcisistas. Además, el personaje de Christian Grey en Cincuenta sombras de Grey puede considerarse una contrapartida moderna del héroe byroniano, un tipo de personaje atractivo y repulsivo a la vez por su personalidad compleja y a menudo oscura. Este arquetipo, visto en personajes como el Sr. Rochester en Jane Eyre de Charlotte Brontë, encarna cualidades de arrogancia, un pasado problemático y una propensión a la manipulación emocional, rasgos a menudo asociados con el trastorno narcisista de la personalidad.

La literatura fantástica también ofrece ejemplos convincentes de esta dinámica, especialmente en las novelas protagonizadas por vampiros. En «Entrevista con el vampiro», de Anne Rice, la relación entre Louis de Pointe du Lac y su creador, Lestat de Lioncourt, es de dependencia y manipulación emocional. Lestat, una figura carismática y narcisista, ejerce control sobre Louis, que lucha con su nueva existencia y las implicaciones morales de ser un vampiro. La secuela, El vampiro Lestat, profundiza en la historia de Lestat, revelando la compleja dinámica de poder y manipulación emocional que caracteriza sus relaciones con otros vampiros.

Al equiparar el abuso emocional con la dinámica del amor y las relaciones, estas historias de ficción también contribuyen a la normalización del abuso psicológico, especialmente la manipulación narcisista. La gente se ha acostumbrado a aceptar las enfermedades mentales como parte de la vida y luego se pregunta por qué sus relaciones son una miseria tan insatisfactoria cuando muestran signos de toxicidad y por qué un gran porcentaje de las mujeres del mundo no se casan y no encuentran marido.

Según proyecciones recientes de Morgan Stanley, el 45% de las mujeres de entre 25 y 44 años de Estados Unidos estarán solteras en 2030. Se trata del mayor porcentaje de mujeres solteras en este grupo de edad jamás registrado en la historia. En China se prevé que la proporción de mujeres solteras aumente del 39% en 2021 a cerca del 44% en 2030. Si estos patrones se mantienen, alrededor de la mitad o más de las mujeres de las principales economías, como Estados Unidos y China, podrían ser solteras y sin hijos en 2040, con porcentajes similares probables en otras partes del mundo.

Mientras tanto, se calcula que alrededor del 20% de la población mundial tiene rasgos narcisistas, y este porcentaje va en aumento, lo que significa que cada vez más personas necesitarán comprender cómo evaluar posibles relaciones y superar el abuso narcisista en diversos contextos. Varios factores contribuyen a la rápida propagación de los rasgos narcisistas en la sociedad actual:

1. Las redes sociales y la tecnología: la aparición de plataformas que fomentan la autopromoción y la autopresentación curada ha normalizado la egolatría excesiva y la preocupación por la apariencia. Los estudios han relacionado el uso problemático de los teléfonos inteligentes con un aumento de las tendencias narcisistas.

2. El énfasis de la sociedad en la autoestima: Los esfuerzos bienintencionados para promover la autoestima, especialmente en entornos educativos, pueden haber promovido inadvertidamente las tendencias narcisistas al centrarse en la autoestima sin hacer hincapié en la empatía y la responsabilidad social.

3. Influencia de los medios de comunicación: La mayor exposición a la cultura de los famosos y a estilos de vida idealizados a través de diversos canales mediáticos puede reforzar las aspiraciones narcisistas y las expectativas poco realistas.

4. Factores económicos: Algunos investigadores sostienen que los sistemas económicos que recompensan la autopromoción y los logros individualistas pueden reforzar inadvertidamente el comportamiento narcisista.

5. Disminución de la participación comunitaria: Con el debilitamiento de las estructuras comunitarias tradicionales,

puede haber menos oportunidades para que los individuos desarrollen la empatía y la conciencia social a través de experiencias colectivas.

Capítulo 19: Amistades narcisistas

La normalización de los rasgos narcisistas, la excitación que impregna las novelas y películas que muestran comportamientos narcisistas y la admiración general por los famosos que muestran actitudes narcisistas lleva a la sociedad a sentirse inconscientemente atraída por estas personalidades e incluso a tolerar el abuso que reciben. Esta popularidad del narcisismo resulta aún más atractiva para los propios narcisistas, que los admiran como modelos a seguir.

En consecuencia, así como los narcisistas desarrollan un aprecio por otros narcisistas debido a su naturaleza de admirar los rasgos narcisistas en los demás y terminan en relaciones con otros narcisistas, donde reciben una retribución kármica por lo que hacen a los demás, también parecen encontrar consuelo en amigos que exhiben rasgos narcisistas. Estas son las personas que les validan y fomentan su comportamiento narcisista. Estas personas nunca les dicen que mejoren o cambien y, en cambio, elogian su abuso y falta de respeto hacia los demás. A los narcisistas les encanta esto porque tienen el cerebro de un niño. Les encanta ser favorecidos y alabados por actuar como un niño inmaduro.

Por otra parte, sólo los idiotas ven al narcisista como alguien digno de admiración y, como es lógico, muchos de estos idiotas son ellos mismos narcisistas. Es como ver reunirse a una legión de demonios, uno de los cuales es más deshonesto y manipulador que los demás, que lo admiran en busca de consuelo y afirmación.

Por estas razones, creo que lo que atrae al narcisista hacia el empático es la misma razón por la que odia al empático, que es la ingenuidad del empático. Esto se expresa en una simple pregunta que muchos narcisistas hacen a su víctima: ¿Por qué quieres estar conmigo?

Estas mujeres no pueden entender por qué alguien sabe que son malas y aún así quiere estar con ellas y hacerlas sentir validadas.

El concepto de chico malo representa la otra cara de este fenómeno, porque las mujeres con un carácter negativo se sienten atraídas por hombres de la misma naturaleza. Cuanto peor es una mujer, más le atraen los hombres de carácter similar. Por eso todas acaban solas después de los 40 y siguen pensando que el problema no está en ellas, sino en los hombres que conocen, como si no estuvieran describiendo a hombres narcisistas y no a toda la población masculina.

Los que saben que alguien es malo lo tratarán como tal, lo que facilita que la personalidad mala deje de fingir, se relaje y se sienta aceptada. Confunden esto con amor, pero en estas relaciones no hay amor, sólo narcisistas que se reflejan mutuamente. Por eso acaban enamorándose de los hombres que les hacen daño.

Estas mujeres esperan que los hombres narcisistas les devuelvan el amor porque son el único tipo de hombre por el que pueden sentirse verdaderamente atraídas, y cuando dicen: «Lo dejé porque era narcisista», están ocultando lo que más tarde confirman que es la verdad: fueron abandonadas por un narcisista.

Para el narcisista, sólo hay dos tipos de personas: los fuertes y los débiles. Los fuertes son los que se aprovechan de los demás, mientras que los débiles son los que necesitan a los demás para sobrevivir. Por lo tanto, utilizan a los débiles, pero se sienten atraídos por los fuertes, lo que significa que se sienten atraídos por la atención que ofrece un empático, del mismo modo que se sienten atraídos por la validación que ofrece un narcisista. Aman a los fuertes con sus abusos tanto como los temen.

He aquí historias de personas que se quejan de sus cónyuges, pero siguen volviendo a ellos. Atrapados en sus propias ilusiones, los narcisistas actúan como si la única forma de sobrevivir fuera aliarse con quienes consideran fuertes y crean campañas de desprestigio en torno a quienes consideran amenazas para sus inseguridades.

Les atrae la atención del empático tanto como les repelen sus cualidades, y les atrae la validación de otro narcisista tanto como temen ser abandonados. Normalmente, los narcisistas flaquean en sus relaciones con los empáticos y otros narcisistas por estas razones.

Sin embargo, el nivel de inseguridad que sienten puede ser tan profundo que hacen todo lo posible en sus campañas de desprestigio para invalidar a alguien, lo que significa que siempre están destruyendo sus propias relaciones.

Capítulo 20: Relaciones transaccionales

Quizá la paradoja más común del comportamiento narcisista es que buscan la atención de aquellos a quienes desprecian. Lo hacen sólo mientras esas personas les son útiles, y después las descartan e ignoran cuando ya no es así. Mientras tanto, denigran su reputación e incluso difunden rumores falsos que contradicen el tipo de valor que ven en la otra persona. Este fue el caso de un escritor francés que conocí en Grecia y que insinuó a la gente que yo tenía gatos muertos en mi casa o que habían estado desapareciendo gatos en la zona desde que llegué. Intentaba hacer creer a la gente que yo mataba gatos por diversión, jugando con sus pensamientos paranoicos, y la gente era lo bastante retrasada mental como para creerle, por eso tuve desencuentros con algunos que afirmaban que yo había envenenado a su gato.

Hay tanta gente estúpida en este planeta que se creerán cualquier cosa que les digas, incluso las cosas más ridículas. Son propensos al trastorno paranoide de la personalidad, que el narcisista aprovecha al máximo. El narcisista es lo suficientemente bueno como para engañar a los demás y conseguir lo que quiere, por muy absurdo que sea lo que dice, porque sabe que la gente es lo suficientemente estúpida como para creerle.

Los narcisistas también creen que todo el mundo quiere robarles lo poco que tienen y, por lo tanto, también creen que si comparten y enseñan lo que saben, perderán la ventaja que tienen sobre los demás. En lugar de ello, intentan obtener y mantener esta ventaja recopilando información sobre otras personas, ya sea mediante cotilleos o falsas demostraciones de altruismo y amistad. Hablan sin hablar, queriendo obtener información, pero sin revelar nada sobre sí mismos o sobre lo que saben. Esto se ve claramente cuando se niegan a responder a las mismas preguntas que te hacen a ti.

El nivel de inteligencia de un narcisista se limita a sí mismo, por eso pueden parecer expertos en el engaño, la manipulación y la mentira, pero son increíblemente estúpidos en todo lo demás. Son incapaces de empatizar con los demás o de ver las cosas desde su perspectiva. Los narcisistas no saben confiar, cooperar o trabajar con los demás porque lo ven todo como una competición, así que en su lugar ven sus interacciones como intercambios. Si no hay nada que intercambiar, prefieren abandonar al otro individuo o incluso dejarle morir solo. No entienden el valor de compartir pensamientos y percepciones porque no forma parte de su realidad. De hecho, los narcisistas no sienten más que desprecio por un compañero o amigo enfermo y prefieren irse de fiesta toda la noche con otras personas que permanecer al lado de un cónyuge enfermo.

Una analogía perfecta es la industria farmacéutica, que se beneficia de las enfermedades de la gente y deja morir a quienes no pueden pagar sus medicamentos, mientras obliga a los médicos a prescribir ciertos procedimientos bajo amenaza de perder su licencia si no lo hacen. Esto es lo que yo llamo intimidación al más alto nivel, con la protección de la ley y de los gobiernos. Los médicos que intentan salirse de este sistema prescribiendo tratamientos más eficaces son encarcelados.Es agotador tratar con narcisistas porque están constantemente chupando la energía de los demás y actúan como vampiros energéticos en todos los ámbitos, incapaces de dar ningún apoyo o reconocimiento. Están obsesionados con obtener todo lo que puedan de los demás, especialmente por medios legales, y no es de extrañar que muchos de ellos busquen conexiones en el gobierno y las instituciones gubernamentales. Están obsesionados con el poder porque saben que con más poder, pueden abusar de más personas con menos consecuencias.

Los narcisistas están plagados de una visión egocéntrica del mundo, a menudo llena de estereotipos, discriminación y prejuicios. Se apresuran a juzgar a las personas, se forman una opinión en los primeros 5 segundos y luego pasan el resto del tiempo intentando demostrar que sus observaciones son correctas. Esto crea una situación en la que los demás se sienten constantemente devaluados y faltados de respeto, ya que se ven obligados a demostrar su valía a personas a las que nunca pueden convencer realmente.

Los narcisistas son incapaces de cambiar de opinión, incapaces de ver las perspectivas de otras personas o de aprender de sus propios errores, incapaces de comprender que sus puntos de vista pueden estar completamente equivocados o influidos por su limitada experiencia y visión del mundo. En su lugar, se basan en nociones preconcebidas para navegar por el mundo que les rodea y justificar sus opiniones.

Al tratar con narcisistas, a menudo nos encontramos tratando de demostrar nuestra valía y convencer al narcisista de nuestro valor, pero esto es un esfuerzo inútil porque el narcisista no tiene ningún interés en escuchar, aprender o crecer a partir de la experiencia. Sólo se centra en sus propios puntos de vista y no los cambiará, por muchas pruebas que se le presenten.

Esto crea un sentimiento de frustración e inadecuación en las personas que son juzgadas constantemente sin ninguna razón o prueba real. Con el tiempo, tratar con narcisistas puede tener un impacto negativo significativo en la salud mental de una persona. Tratar con narcisistas puede contribuir significativamente a la ansiedad, la depresión y otros problemas de salud mental. Esto es especialmente cierto cuando se trata con narcisistas de forma regular, ya que la situación se vuelve más intensa y difícil de escapar, especialmente en un entorno de oficina. Esto crea una sensación de desconexión que puede ser difícil de superar.

Tras un periodo de convivencia con narcisistas, agotados, podemos caer en la apatía y perder la motivación por las cosas que antes nos daban alegría, y eso es exactamente lo que quieren: la destrucción de las vidas de quienes amenazan su existencia. Intentan agotar las luces del mundo, degradándolas y volviéndolas apáticas. Son asesinos de la alegría. Son lo que llamamos personalidades tóxicas. Las llamamos tóxicas porque nos envenenan: embotan nuestros sentidos, nos roban la vitalidad, nos agotan física y mentalmente y nos hacen actuar de forma irracional.

Capítulo 21: Comprender y tratar el narcisismo

Los recientes avances en la investigación cognitiva y de imágenes cerebrales han arrojado nueva luz sobre el trastorno narcisista de la personalidad (TNP), ofreciendo nuevas perspectivas sobre por qué las personas que lo padecen se comportan como lo hacen. Esta creciente comprensión no sólo ayuda a explicar los rasgos narcisistas, sino que también apunta a tratamientos más eficaces.

En la base de este trastorno hay una serie de diferencias en el funcionamiento del cerebro, principalmente en las áreas responsables de la autoconciencia, la empatía y el control emocional. El córtex prefrontal, una región esencial para estas funciones, muestra una actividad reducida en las personas con narcisismo. Esto ayuda a explicar la dificultad para controlar los impulsos, la falta de empatía y la dificultad para gestionar las emociones. Pero ahí no acaba la historia. El cerebro es una red compleja y, en los narcisistas, las conexiones entre las distintas áreas también están alteradas.

Por ejemplo, la conexión entre el córtex prefrontal y la amígdala, una región implicada en el procesamiento de las emociones, está alterada. Esto provoca respuestas emocionales intensas y una tendencia a percibir incluso las pequeñas críticas como una gran amenaza.

Otro factor importante es el sistema de recompensa del cerebro. En las personas narcisistas, este sistema es excesivamente sensible a los elogios y la admiración, pero menos sensible a los comentarios negativos. Este desequilibrio alimenta la necesidad constante de validación y la dificultad para aprender de los errores que caracterizan el comportamiento narcisista.

El sistema de neuronas espejo, que nos ayuda a comprender a los demás y a empatizar con ellos, también funciona de forma diferente en los narcisistas. La actividad reducida de este sistema puede explicar por qué las personas narcisistas tienen dificultades para conectar emocionalmente con los demás y a menudo tratan a las personas como objetos en lugar de como individuos con sus propios sentimientos y necesidades.

Además, la red de modos por defecto, un conjunto de regiones cerebrales que se activan cuando pensamos en nosotros mismos o en los demás, muestra patrones alterados en los narcisistas. Esto puede contribuir a la tendencia del narcisista a interpretar todo en términos de cómo le afecta a él, a menudo descuidando las perspectivas de los demás.

Aunque estas diferencias cerebrales pintan un cuadro complejo, es importante señalar que el cerebro puede cambiar. Este concepto, conocido como neuroplasticidad, ofrece esperanzas para el tratamiento. Sugiere que, con las intervenciones adecuadas, estos patrones neuronales pueden remodelarse. Pero el desarrollo del trastorno narcisista de la personalidad no sólo tiene que ver con la estructura del cerebro. Se trata de una compleja interacción entre la genética, las experiencias de la infancia y el entorno. Ciertas variaciones genéticas pueden aumentar el riesgo de desarrollar rasgos narcisistas, pero estos genes interactúan con las experiencias vitales, especialmente durante la infancia. Las experiencias de abandono, abuso o elogio excesivo pueden afectar significativamente al desarrollo del cerebro y contribuir a los rasgos narcisistas.

Investigaciones recientes también han comenzado a explorar cómo el estrés crónico y la inflamación pueden desempeñar un papel en el trastorno narcisista de la personalidad. El estrés prolongado puede alterar el sistema de respuesta al estrés del organismo, contribuyendo potencialmente a la inestabilidad emocional que se observa en el trastorno narcisista de la personalidad.

Comprender estas bases biológicas tiene importantes implicaciones para el tratamiento. En general, las terapias tradicionales de conversación han tenido un éxito limitado con los narcisistas, posiblemente porque no abordan las diferencias cerebrales subyacentes. Sin embargo, están surgiendo nuevos enfoques que tienen en cuenta estos factores neurológicos. Por ejemplo, las técnicas de neurorretroalimentación pretenden aumentar la actividad del córtex prefrontal, lo que puede mejorar la regulación emocional. Algunos investigadores están explorando fármacos dirigidos a sistemas neurotransmisores específicos implicados en el trastorno narcisista de la personalidad, aunque este enfoque requiere un estudio cuidadoso para garantizar su seguridad y eficacia.

Varios enfoques psicoterapéuticos son prometedores para el tratamiento del narcisismo:

1. La psicoterapia centrada en la transferencia (PTF) pretende abordar las representaciones internas fragmentadas del yo y de los demás que contribuyen al comportamiento narcisista.

2. El tratamiento basado en la mentalización (MBT) se centra en mejorar la capacidad de comprender los estados mentales propios y ajenos, mejorando potencialmente la empatía y la cognición social.

3. La terapia de esquemas trabaja para identificar y cambiar creencias y patrones profundamente arraigados que subyacen a los rasgos narcisistas.

Aunque estas terapias difieren en sus enfoques específicos, todas pretenden remodelar las vías neuronales asociadas a la autopercepción y las relaciones interpersonales.

La creciente comprensión de las bases biológicas del trastorno narcisista de la personalidad también pone de relieve la importancia de la intervención temprana. La identificación precoz de los individuos en riesgo y la prestación de un apoyo adecuado pueden alterar el curso del desarrollo de la personalidad narcisista.

A medida que avanza la investigación, podemos esperar tratamientos aún más específicos y personalizados para el trastorno narcisista de la personalidad. La integración de las imágenes cerebrales en la planificación del tratamiento podría permitir adaptar las terapias a los patrones neuronales específicos de cada individuo. Al tender puentes entre la neurociencia y la psicología, estamos avanzando hacia formas más eficaces de tratar esta difícil enfermedad. Aunque el trastorno narcisista de la personalidad sigue siendo complejo, estos hallazgos ofrecen un camino que promete mejores resultados para los individuos con rasgos narcisistas y para quienes les rodean.

Capítulo 22: Desenmascarar al narcisista

En el núcleo del comportamiento narcisista se encuentra una mezcla paradójica de grandiosidad e inseguridad, una necesidad constante de admiración combinada con una profunda falta de empatía. Esta combinación tóxica crea una fuerza destructiva que se extiende por las familias, los lugares de trabajo y la sociedad en general. Como hemos visto, a los narcisistas les mueve un deseo insaciable de poder y control, y a menudo recurren a la manipulación, la mentira y el abuso emocional para mantener su supuesta superioridad.

Los ataques constantes, tanto abiertos como encubiertos, pueden hacer que las personas se sientan desesperadas y se cuestionen su cordura. Esta guerra psicológica es especialmente insidiosa porque a menudo pasa desapercibida para los demás, y la persona media niega o descarta las pruebas que tiene ante sus ojos. Esta ceguera de la sociedad ante el abuso narcisista perpetúa un ciclo de victimización y permite a los narcisistas continuar con su comportamiento destructivo sin control.

Los efectos del abuso narcisista van mucho más allá de la víctima inmediata, afectando a familias enteras e incluso a generaciones futuras. Los niños criados en hogares dominados por padres narcisistas suelen interiorizar visiones distorsionadas del amor y las relaciones, equiparando el conflicto y la reconciliación con el afecto genuino. Esta normalización de dinámicas tóxicas puede conducir a la perpetuación de patrones abusivos, ya que las víctimas buscan o recrean inconscientemente entornos familiares caóticos en sus relaciones adultas. El aumento de las tasas de personas solteras y sin hijos en las principales economías puede atribuirse, en parte, a los retos de navegar por las relaciones en un mundo en el que el comportamiento narcisista es cada vez más común.

La cultura popular a menudo romantiza estas relaciones intensas y emocionalmente cargadas, como demuestra el éxito de las novelas protagonizadas por narcisistas. Esta fascinación cultural por las dinámicas narcisistas contribuye a la normalización del abuso psicológico y puede dificultar que las víctimas reconozcan y escapen de las situaciones tóxicas.

La exposición constante a su visión crítica y egocéntrica del mundo puede provocar ansiedad, depresión y un sentimiento general de inadecuación en sus víctimas. La incapacidad de los narcisistas para cambiar de opinión o considerar perspectivas alternativas crea una dinámica agotadora en la que los demás se ven constantemente obligados a demostrar su valía, a menudo sin éxito. Esta devaluación incesante puede minar la autoestima y conducir a una pérdida de motivación y alegría en la vida.

El reconocimiento social de la prevalencia y la naturaleza destructiva del comportamiento narcisista es esencial para crear un entorno de apoyo a las víctimas y responsabilizar a los agresores. Al exponer el poder destructivo que se esconde tras el comportamiento narcisista y comprender sus consecuencias de largo alcance, podemos empezar a desarrollar estrategias para combatir su influencia y promover conexiones más sanas y empáticas en nuestras vidas personales y en la sociedad en su conjunto. Con una mayor concienciación, apoyo y compromiso con el crecimiento personal, es posible liberarse del ciclo de toxicidad y recuperar el sentido de la propia valía.

Glosario

Abuso: Trato dañino o cruel hacia otra persona. En el contexto de la NPD, esto puede incluir el maltrato emocional, psicológico o físico.

Amígdala: Región del cerebro implicada en el procesamiento de las emociones. En los individuos con NPD, la conexión entre la amígdala y la corteza prefrontal suele estar alterada, lo que provoca respuestas emocionales intensas.

Héroe bírónico: arquetipo de personaje a menudo asociado con rasgos narcisistas, caracterizado por una personalidad compleja, a menudo oscura, que es a la vez atractiva y repulsiva.

Trastornos de la personalidad del grupo B: Grupo de trastornos de la personalidad caracterizados por pensamientos o comportamientos dramáticos, excesivamente emocionales o erráticos. El NPD se clasifica en este grupo.

Hostilidad encubierta: Forma sutil de agresión en la que el narcisista expresa su hostilidad de forma indirecta, normalmente a través de un comportamiento pasivo-agresivo o de la manipulación.

Red de modo por defecto: Conjunto de regiones cerebrales que se activan cuando se piensa en uno mismo o en los demás. En el NPD, esta red muestra patrones alterados, contribuyendo a la interpretación egocéntrica de los acontecimientos.

Empático: Individuo muy sensible a las emociones y sentimientos de los demás. Los empáticos suelen sentirse atraídos por los narcisistas, lo que crea una dinámica de relación disfuncional.

Retención de emociones: Una táctica utilizada por los narcisistas (ya veces sus víctimas) para controlar o castigar a los demás mediante la retención de afecto o aprobación.

Luz de gas: Una forma de manipulación psicológica en la que el narcisista hace que la víctima cuestione sus propias percepciones, recuerdos o cordura.

Grandiosidad: Un sentido inflado de autoimportancia, una característica fundamental del NPD.

Falta de empatía: la incapacidad de comprender o compartir los sentimientos de los demás, una característica distintiva del NPD.

Manipulación: El acto de controlar o influenciar a alguien de manera astuta o sin escrúpulos. Los narcisistas suelen utilizar la manipulación para lograr sus objetivos.

Tratamiento basado en la mentalización (MBT): Enfoque psicoterapéutico que se centra en mejorar la capacidad de comprender los estados mentales propios y ajenos, mejorando potencialmente la empatía y la cognición social en individuos con NPD.

Sistema de neuronas espejo: Red del cerebro que nos ayuda a comprender a los demás y a empatizar con ellos. Este sistema muestra una actividad reducida en individuos con NPD.

Trastorno narcisista de la personalidad (TNP): trastorno mental caracterizado por un sentido exagerado de la importancia personal, una profunda necesidad de atención y admiración excesivas y una falta de empatía hacia los demás.

Neuroplasticidad: capacidad del cerebro de formar nuevas conexiones neuronales y cambiar su estructura. Este concepto ofrece esperanzas para el tratamiento del NPD mediante intervenciones específicas.

Corteza prefrontal: región del cerebro esencial para la autoconciencia, la empatía y el control emocional. Los individuos con NPD generalmente muestran una actividad reducida en esta área.

Sistema de recompensa: mecanismo del cerebro para procesar el placer y la motivación. En el NPD, este sistema es excesivamente sensible a los elogios, pero menos sensible a la retroalimentación negativa.

Chivo expiatorio: Persona a la que se culpa o critica por las fechorías, errores o fracasos de los demás, especialmente en una dinámica familiar o de grupo controlada por un narcisista.

Terapia de esquemas: Enfoque psicoterapéutico que trabaja para identificar y cambiar creencias y patrones profundamente arraigados que subyacen a los rasgos narcisistas.

Autohumillación: El acto de humillarse o menospreciarse a uno mismo. Los narcisistas suelen utilizar esta táctica con sus víctimas para mantener el control.

Autodesprecio: El acto de menospreciarse o subestimarse a uno mismo, normalmente utilizado como mecanismo de defensa o para parecer humilde. Ejemplo: «Oh, cocino fatal. No deberías esperar mucho de mi comida».

Amor propio: Estado de aprecio por uno mismo que se desarrolla a partir de acciones que favorecen el crecimiento físico, psicológico y espiritual. En el contexto de la curación del abuso narcisista, es esencial desarrollar el amor propio.

Psicoterapia centrada en la transferencia (PTF): Enfoque psicoterapéutico que pretende abordar las representaciones internas fragmentadas de uno mismo y de los demás que contribuyen al comportamiento narcisista.

Vínculo traumático forzado: Fenómeno psicológico en el que las víctimas de abusos forman fuertes vínculos emocionales con sus agresores, que suele observarse en las relaciones en las que intervienen narcisistas.

Frases desencadenantes: Palabras u oraciones específicas utilizadas por los narcisistas para provocar respuestas emocionales específicas en sus víctimas, normalmente diseñadas para manipular, confundir o ignorar las experiencias de la víctima.

Cambio de valencia: Un cambio en la carga emocional o el significado de una situación o relación. En el contexto de la NPD, esto puede referirse a cómo las víctimas pueden adoptar rasgos narcisistas como mecanismo de afrontamiento.

Víctima: Un individuo que ha sufrido abuso narcisista. A veces las propias víctimas pueden adoptar rasgos narcisistas como mecanismo de defensa.

Bibliografía

Asociación Americana de Psiquiatría (2013). Manual diagnóstico y estadístico de los trastornos mentales (5ª ed.).

Arias, J. (2008). El caso de Jodi Arias y Travis Alexander: Manipulación y asesinato.

Blanchard, G. R. (2015). El caso de Gypsy Rose Blanchard: Abuso y represalias.

Brontë, C. (1847). Jane Eyre. Smith, Elder & Co.

Broderick, B. (1989). El caso Betty Broderick: Abuso emocional y represalias.

Challen, S. (2019). El caso Sally Challen: Control coercitivo y recurso legal.

Edwards, J. (2006). El caso de John Edwards y Rielle Hunter: Escándalo político y pérdida personal.

Ghodratollahifard, M., Mohammadkhani, P., Pourshahbaz, A., & Dolatshahi, B. (2020). Trauma infantil y el desarrollo de trastornos de la personalidad. Journal of Child Psychology and Psychiatry, 61(7), 789-796.

Girhotra, R. (1990). La historia de Ruchika Girhotra: Abuso y batalla legal.

Harris, C. (2002). El caso Clara Harris: Infidelidad y asesinato.

Howard, J. (2022). Living martyrdom: Understanding the emotional landscape of abuse victims. Psychology Today.

Lahav, Y., Stein, D., Ginzburg, K., & Solomon, Z. (2020). Agresión interna y externa en víctimas de abuso narcisista. Journal of Traumatic Stress, 33(2), 155-165.

Maffini, C. S., Goodman, G. S., Lyons, K. E., Newton, E. K., & Ogle, C. M. (2021). Trauma-informed cognitive-behavioural therapy for victims of narcissistic abuse. Clinical Psychology Review, 83, 101935.

Määttä, K., Uusiautti, S., & Määttä, M. (2012). Las víctimas de abuso narcisista. Journal of Personality Disorders, 26(6), 847-868.

Caso de los hermanos Menéndez (1989). Lyle y Erik Menéndez condenados por el asesinato de sus padres.

Morgan Stanley (2021). Proyecciones sobre las mujeres solteras en Estados Unidos y China.

Centro de Investigación Pew. (2018). Hábitos de lectura en Estados Unidos.

Rice, A. (1976). Entrevista con el vampiro. Alfred A. Knopf.

Rice, A. (1985). El vampiro Lestat. Alfred A. Knopf.

Varios autores. Neuroplasticity and treatment approaches for narcissistic personality disorder.

Varios autores. Psicoterapia centrada en la transferencia (TFP), tratamiento basado en la mentalización (MBT) y terapia de esquemas para el NPD.

Organización Mundial de la Salud (OMS). Tasas mundiales de suicidio.

Solicitud de Reseña de Libro

Estimado lector,

Gracias por comprar este libro. Me encantaría tener noticias suyas. Escribir una reseña de un libro nos ayuda a entender a nuestros lectores y también influye en las decisiones de compra de otros lectores. Su opinión es importante. Por favor, escriba una reseña del libro. Agradecemos su amabilidad.

Sobre el autor

Dan Desmarques es un autor de renombre con una notable trayectoria en el mundo literario. Con una impresionante cartera de 28 bestsellers en Amazon, entre ellos ocho números 1, Dan es una figura respetada en el sector. Gracias a su formación como profesor universitario de escritura académica y creativa, así como a su experiencia como consultor empresarial experimentado, Dan aporta una combinación única de conocimientos a su trabajo. Sus profundas ideas y su contenido transformador atraen a un amplio público y abarcan temas tan diversos como el crecimiento personal, el éxito, la espiritualidad y el sentido profundo de la vida. A través de sus escritos, Dan anima a los lectores a liberarse de sus limitaciones, dar rienda suelta a su potencial interior y embarcarse en un viaje de autodescubrimiento y transformación. En un mercado tan competitivo como el de la autoayuda, el excepcional talento de Dan y sus inspiradoras historias lo convierten en un autor sobresaliente, que motiva a los lectores a interesarse por sus libros y emprender un camino de crecimiento personal e iluminación.

También escrito por el autor

1. 66 Days to Change Your Life: 12 Steps to Effortlessly Remove Mental Blocks, Reprogram Your Brain and Become a Money Magnet
2. A New Way of Being: How to Rewire Your Brain and Take Control of Your Life
3. Abnormal: How to Train Yourself to Think Differently and Permanently Overcome Evil Thoughts
4. Alignment: The Process of Transmutation Within the Mechanics of Life
5. Audacity: How to Make Fast and Efficient Decisions in Any Situation
6. Christ Cult Codex: The Untold Secrets of the Abrahamic Religions and the Cult of Jesus
7. Codex Illuminatus: Quotes & Sayings of Dan

Desmarques

8. Collective Consciousness: How to Transcend Mass Consciousness and Become One With the Universe
9. Creativity: Everything You Always Wanted to Know About How to Use Your Imagination to Create Original Art That People Admire
10. Deception: When Everything You Know about God is Wrong
11. Demigod: What Happens When You Transcend The Human Nature?
12. Discernment: How Do Your Emotions Affect Moral Decision-Making?
13. Eclipsing Mediocrity: How to Unveil Hidden Realities and Master Life's Challenges
14. Fearless: Powerful Ways to Get Abundance Flowing into Your Life
15. Feel, Think and Grow Rich: 4 Elements to Attract Success in Life
16. Find Your Flow: How to Get Wisdom and Knowledge from God
17. Holistic Psychology: 77 Secrets about the Mind That They Don't Want You to Know

18. How to Change the World: The Path of Global Ascension Through Consciousness
19. How to Get Lucky: How to Change Your Mind and Get Anything in Life
20. How to Improve Your Self-Esteem: 34 Essential Life Lessons Everyone Should Learn to Find Genuine Happiness
21. How to Study and Understand Anything: Discovering The Secrets of the Greatest Geniuses in History
22. Legacy: How to Build a Life Worth Remembering
23. Religious Leadership: The 8 Rules Behind Successful Congregations
24. Reset: How to Observe Life Through the Hidden Dimensions of Reality and Change Your Destiny
25. Resilience: The Art of Confronting Reality Against the Odds
26. Singularity: What to Do When You Lose Hope in Everything
27. Spiritual Warfare: What You Need to Know About Overcoming Adversity
28. Starseed: Secret Teachings about Heaven and the Future of Humanity

29. Technocracy: The New World Order of the Illuminati and The Battle Between Good and Evil

30. The 10 Laws of Transmutation: The Multidimensional Power of Your Subconscious Mind

31. The 14 Karmic Laws of Love: How to Develop a Healthy and Conscious Relationship With Your Soulmate

32. The 33 Laws of Persistence: How to Overcome Obstacles and Upgrade Your Mindset for Success

33. The 36 Laws of Happiness: How to Solve Urgent Problems and Create a Better Future

34. The Alchemy of Truth: Embracing Change and Transcending Time

35. The Antagonists: What Makes a Successful Person Different?

36. The Antichrist: The Grand Plan of Total Global Enslavement

37. The Awakening: How to Turn Darkness Into Light and Ascend to Higher Dimensions of Existence

38. The Egyptian Mysteries: Essential Hermetic Teachings for a Complete Spiritual Reformation

39. The Evil Within: The Spiritual Battle in Your Mind Deception: When Everything You Know about God is

Wrong

40. The Game of Life and How to Play It: How to Get Anything You Want in Life

41. The Hidden Language of God: How to Find a Balance Between Freedom and Responsibility

42. The Most Powerful Quotes: 400 Motivational Quotes and Sayings

43. The Secret Beliefs of The Illuminati: The Complete Truth About Manifesting Money Using The Law of Attraction That is Being Hidden From You

44. The Secret Empire: The Hidden Truth Behind the Power Elite and the Knights of the New World Order

45. The Secret Science of the Soul: How to Transcend Common Sense and Get What You Really Want From Life

46. The Spiritual Laws of Money: The 31 Best-kept Secrets to Life-long Abundance

47. The Spiritual Mechanics of Love: Secrets They Don't Want You to Know about Understanding and Processing Emotions

48. Unacknowledged: How Negative Emotions Affect Your Mental Health?

49. Unapologetic: Taking Control of Your Mind for a Happier and Healthier Life

50. Uncommon: Transcending the Lies of the Mental Health Industry

51. Unlocked: How to Get Answers from Your Subconscious Mind and Control Your Life

52. Your Full Potential: How to Overcome Fear and Solve Any Problem

53. Your Soul Purpose: Reincarnation and the Spectrum of Consciousness in Human Evolution

Acerca del editor

Este libro fue publicado por 22 Lions Publishing.

www.22Lions.com

www.ingramcontent.com/pod-product-compliance
Lightning Source LLC
LaVergne TN
LVHW051024051026
849532LV00004BA/1367
9798330447923